抗日英雄小故事系列

杨靖宇

李婧 编著

周东升 汪铮 主编

团结出版社

图书在版编目（CIP）数据

　　杨靖宇 / 李婧编著. -- 北京 : 团结出版社，
2015.6
　　（抗日英雄小故事系列 / 周东升，汪铮主编）
　　ISBN 978-7-5126-3666-8

　　Ⅰ．①杨… Ⅱ．①李… Ⅲ．①马本斋（1905～1940）
－传记－青少年读物 Ⅳ．①K825.2-49

　　中国版本图书馆 CIP 数据核字 (2015) 第 134009 号

出　版：团结出版社
　　　　（北京市东城区东皇城根南街 84 号　邮编：100006）
电　话：(010) 65228880　65244790　（出版社）
　　　　(010) 65238766　85113874　65133603（发行部）
　　　　(010) 65133603（邮购）
网　址：http://www.tjpress.com
E-mail：65244790@163.com（出版社）
　　　　fx65133603@163.com（发行部邮购）
经　销：全国新华书店
印　装：北京艺堂印刷有限公司

开　本：170mm×240mm　　1/16
印　张：8.25
字　数：75 千字
印　数：3000
版　次：2015 年 8 月　第 1 版
印　次：2015 年 8 月　第 1 次印刷

书　号：978-7-5126-3666-8
定　价：18.00 元

目　录

001

抗日英雄
杨靖宇

抗日英雄
小故事

抗日英雄

杨靖宇

一、小小少年 一身正气

1. 苦难的童年

1905年2月13日（农历正月初十）夜，河南确山县李湾村的村民早都已经熟睡，但在西北角一个低矮的农家小院里，却仍然亮着灯，一家人正忙忙碌碌地跑来跑去，有的劈柴，有的烧水。突然一声洪亮的婴儿哭声打破了夜空的沉寂，一个挥动着小拳头哭叫的男孩来到了这个世界上，这个新生的婴儿就是后来扬名中外的抗日英雄杨靖宇。

杨靖宇并非这个婴儿本来的名字，他真实的名字叫马尚德，乳名顺清。杨靖宇是他后来参加革命工作后的化名。

杨靖宇的父亲叫马锡龄，从祖辈上开始都是老实巴交的农民。他自小跟随杨靖宇的爷爷在地主家里干活，受尽了打骂折磨。如今三十几岁了才攒了一些钱，盖了几间草房，买了几亩薄地，日子勉强维持，但很多时候还是吃了上顿没下顿。马锡龄为人忠厚、热情，庄稼活样样精通。平日里起早贪黑，无论刮风下雨都会去田间劳作，只为了种好那几亩薄地，好养活一家老小。长年累月的高强度劳动，再加上吃不饱、穿不暖，三十几岁的马锡龄早已经弓腰驼背，皮肤黝黑，还积劳成疾整日咳嗽不止，看上去竟然像五十几岁的人。杨靖宇的母亲看着

抗日英雄
杨靖宇

自己的丈夫如此辛苦，心疼不已，但她知道家里早就没有一分钱了，就算有钱丈夫也不舍得治病。于是为了替丈夫分担，杨靖宇的母亲每天背着几个月大的杨靖宇开始天天下地，帮助丈夫播种、锄草、浇地、收割……一转眼两年过去了，杨靖宇迎来了自己的小妹妹马爱，这个孩子的到来给贫苦的家庭带来了无数的欢乐，全家都她视为掌上明珠。杨靖宇更是乖巧懂事，父母下地干活去，他就在家照看妹妹、陪妹妹玩、哄妹妹睡觉。

　　但不幸还是降临到了这个本来就苦难的家庭，杨靖宇 6 岁的时候，父亲的病因长年得不到医治而卧床不起，整个人骨瘦如柴。尽管母亲尽心尽力地照顾，但父亲还是因为医疗条件落后，又缺少食物而与世长辞了。父亲临终前对母亲说："我走了，你一定要照顾好他们，无论多穷，也要让他们读书，一定要让

抗日英雄
小故事

他们读书！"说完父亲就永远地闭上了眼睛。杨靖宇在床边拼命地叫着："爸爸、爸爸"，但父亲却再没有睁开眼睛。杨靖宇知道父亲真的离开了，再也不会回来了，他撕心裂肺地哭喊，让邻居们听了都控制不住悲恸的泪水。第二天在二叔马延龄的帮助下，杨靖宇一家将父亲草草安葬了。为了以后的日子有所依靠，母亲带着他和妹妹与叔父家生活在了一起。父亲一走，杨靖宇知道母亲肩上的担子更重了，他想："我一定要多干活，多帮助妈妈，不能让她太累了，我已经失去了爸爸，不能再失去妈妈了。"从那以后，杨靖宇在妈妈每天下地干活以后，就开始在家里干家务，扫地、擦桌子样样都行。每次看着干净的屋子，他心里都喜滋滋的想："妈妈这下回来就可以好好歇歇了。"妈妈从地里回来看见家里被收拾得井井有条就夸奖杨靖宇说："顺清啊，你真是妈妈的好儿子。"

母亲经常在夜里借助微弱的灯光来缝补全家人的旧衣服和鞋袜，油烟子呛得母亲直流眼泪。杨靖宇一觉醒来看到母亲满脸都是泪水，心里难过极了。他一骨碌爬起来穿好衣服，来到母亲身边说："娘，快睡吧。""没事，娘不累，你赶紧去睡，别着凉了。""不，娘不睡，我也不睡，我要一直陪着您。""陪着我干什么啊，我这不用你帮忙，听话快去睡觉。""不，我可以干活的。"说着杨靖宇就拿起了旁边的麻绳开始搓起来。从此以后，杨靖宇就天天夜里陪着母亲干活，不是帮母亲搓麻

抗日英雄
杨靖宇

绳，就是给母亲穿针，什么活都没有的时候，就在一旁陪母亲聊天，来驱散母亲的孤独和寂寞。无论冬天多么寒冷，夏天多么闷热，杨靖宇都没有早睡过一天，每天都坚持和母亲一起睡觉。而且无论什么时候，杨靖宇都不会睡懒觉，他总能在母亲起床的时候和母亲一起，母亲洗米切菜，他就去打水劈柴。饭菜做好，他就去叫妹妹起来，帮妹妹洗脸，然后给妹妹喂完饭，自己才吃，吃完母亲就去干活，他就收拾洗碗。作为长子，杨靖宇平日里处处让着妹妹，有好吃的自己从来舍不得吃而是留给妹妹吃，有一块新布，就给妹妹做衣服，自己穿的都是大人旧衣服改成的。在村里，杨靖宇也是出了名的能干的孩子，

别人家的孩子还在家里撒娇哭闹的时候，杨靖他早就能当半个劳动力了；别人家的孩子还在睡梦中的时候，他就早起上山砍柴了。

就这样，杨靖宇在贫困和不幸中度过了自己的童年，但困苦的生活没有让杨靖宇失去对生活的信心，反而是培养了他勤劳、能吃苦和坚韧不拔的思想品德，也让他更能亲身体验广大劳动人民生活的艰辛，为以后革命斗争的需要打下情感基础。

2. 英雄故事伴成长

杨靖宇的第一位老师就是自己的母亲，杨靖宇之所以在日后成了人人称颂的大英雄与他母亲的严格教育是密不可分的。

他的母亲名叫张君，也是出身贫苦人家。虽然母亲不识字，但是母亲身上却有着最宝贵的品质，平日里母亲和二叔一家互敬互爱，人人都争着抢着干活，谁都没有过一丝一毫的抱怨。母亲和邻里更是能够睦相处，即使受了委屈，也从来都是一个人默默承受。母亲的善良和宽容深深地影响了杨靖宇，使他在少年时代就养成了淳朴、宽厚待人的性格。此外，母亲总会给杨靖宇讲好多英雄的故事，这些故事成了杨靖宇苦难童年的精神支撑。每天晚上吃过饭，杨靖宇和妹妹就围在母亲身边，缠着让母亲讲故事，母亲总能把一个个故事讲得有声有色，如孔融让梨、司马光砸缸、花木兰替父从军，杨家将忠心为国等，其中让杨靖宇记忆最为深刻的故事就是岳飞精忠报国。有一次，杨靖宇和小伙伴们一起出去玩，玩累了大家就坐在大树下休息，杨靖宇看大家都没有精神就自告奋勇地说："我给你们讲一讲岳飞精忠报国的故事吧。"小伙伴们一听顿时来了兴致，纷纷催促他快点讲。于是杨靖宇就学着母亲的样子讲起来：你们知道吗，大英雄岳飞也是咱们河南人，他的家乡在汤阴县。据说岳飞出生的那天傍晚，刚巧有一只大鸟从屋顶上飞过，所以他的父亲岳和给他取名叫"飞"，愿他像这只大鸟，飞得又高又远。岳飞出生不久，黄河决口，滚滚的黄河水把岳家冲得一贫如洗，生活十分艰难。由于家境贫寒，岳飞小小年纪就去打柴割草，还能帮父母下地耕作，在艰辛的劳动中，岳飞练就了一副强健的体魄，并学得一手好剑法和好武艺。岳飞虽然从小家境贫寒，食不果腹，但他受母亲的严教，性格倔强，为人刚直。一次，岳飞有几个结拜兄弟，因为没有饭吃，要去拦路抢劫，他们来约岳飞。岳飞想到母亲平时的教导，没有答应，并且劝他们说："拦路抢劫，谋财害命的事儿，万万不能干！"众兄弟再三劝说，岳飞也没动心。岳母从外面回来，岳飞一五一十地把情况告诉了母亲，母亲高兴地说："孩子，你做得对，人穷志不穷，咱不能做那些伤天害理的事！"岳飞十五六岁时，北方的金人南侵，宋朝当权者腐败无能，节节败退，国家处在生死存亡的关头。一天，岳母把岳飞叫到跟前，说："现在国难当头，你有什么打算？"岳飞说："到前线杀敌，精忠报国！"

岳母听了儿子的回答，十分满意，"精忠报国"正是母亲对儿子的希望。她决定把这四个字刺在儿子的背上，让他永远记着这一誓言。岳飞解开上衣，请母亲下针。岳母问："你怕痛吗？"岳飞说："小小钢针算不了什么，如果连针都怕，怎么去前线打仗！"岳母先在岳飞背上写了字，然后用绣花针刺了起来。刺完之后，岳母又涂上醋墨。从此，"精忠报国"四个字就永不褪色地留在了岳飞的后背上。后来，岳飞以"精忠报国"为座右铭，奔赴前线，英勇杀敌，立下赫赫战功，成为一名抗金名将，岳飞带领的队伍也被称为"岳家军"。金人每次听说要和岳家军打仗，都非常害怕，有的甚至当了逃兵。虽然后来岳飞被大奸臣秦桧给害死了，但是他的英雄事迹广为流传，岳飞因此也流芳百世，人人敬仰。杨靖宇一口气讲完了这个故事，小伙伴们都听得入迷了，深深地被岳飞的精神所折服。其实杨靖宇自己又何尝不是这样呢。他非常崇敬抗金英雄岳飞的文武双全，智勇无比，崇拜他率岳家军一次次打败金国的入侵。他痛恨张邦昌、秦桧等卖国求荣之人；他钦佩岳母为岳飞刺字的大义情怀，"精忠报国"四个字也深深地刻在他的脑海里。

就这样在英雄精神的感召下，杨靖宇一天天地长大了，妈

抗日英雄
杨靖宇

妈讲的英雄豪杰的故事他却总是听不够，今天让妈妈讲，明后天还是要缠着妈妈再讲几次。他非常佩服故事中的英雄们，在心中暗暗立志：长大了也要做个英雄，要保卫自己的家园，保护像自己这样的老百姓。渐渐的，爱祖国、爱人民的思想就在杨靖宇的心里深深扎下了根。

3. 给地主"送礼"

八月十五中秋佳节，本该是合家团圆，共享欢乐的时候，但在当时的李湾村，这个节日却成了老百姓最害怕的节日。因为李湾村有个大地主，名叫王玉玺，他平时欺压百姓，克扣地租。而且还规定，每年的八月十五李湾村的各家各户都必须要来给他送"节礼"，以感谢他对村民的"照顾"。如果谁家敢不送，他就会叫上自己的"狗腿子"，上门去将人家打个半死，然后收回自己的地。

这一年又到了八月十五，太阳刚一落山，地主王玉玺家就忙碌起来了。佣人在院子里放上了八仙桌，八仙桌上摆满了各种水果、菜肴和月饼。王玉玺与自己的三个老婆和四个孩子，再加上平时的"狗腿子"围坐在一起，吃吃喝喝、有说有笑。而院外，管家早就让人在门口挂上了两个大大的红灯笼，他自己则坐在一张方桌后面，清点着各家各户送来的"节礼"。一旁就是排队等候送礼物的老百姓，他们一个个面黄肌瘦、衣衫褴褛，和手中提着的包装精美的礼物形成了鲜明对比。此时的杨靖宇正蹲在二叔家的院子里，因为帮妈妈干了一天的活又累又饿。妈妈端来一碗稀粥，他几口就喝了个干干净净。然后起身又端起了一碗稍微稠点的粥，来到了二叔的屋子里。二叔和他的父亲一样，因为常年的劳作，患了病又没有钱治，现在已经不能下床了。杨靖宇慢慢走到二叔床边说："二叔，吃饭了，今天过节，我妈特意给您煮了粥，还有一个鸡蛋哩。"二叔慢慢睁开眼睛说："顺清乖，这鸡蛋我不吃，你正是长身体的时候，你吃吧。"杨靖宇说："我身体好不需要，今天过节您一定要吃，吃了这个鸡蛋病就能好的更快了。"二叔接过粥碗说道："今天过节了啊，那不得了啊，给王老爷家的礼物还没送去呢。"说着二叔勉强起身从床下拿出了几盒月饼，对杨靖宇说："顺清，快去给王老爷家送去，见到王老爷要记得鞠躬问好。"说着二叔就把月饼小心翼翼地递给了杨靖宇，杨靖宇看着眼前的月饼心想："自己和妹妹好几年没吃过一口月饼了，二叔都病成这样了都舍不得花钱请大夫，为什么要给一个平日里欺压百姓的地主送月饼呢？"他越想越生气，把月饼放在桌上说道："为啥要给他送呢，他平日里恶事做了那么多，还动不动就动手打村里的人，咱家多少天没吃过一顿饱饭，现在却要把这么好的月饼送给他呢？"二叔又急又气："快去，要是

去晚了，人家就不收了，回头我们一家人都得遭罪。"杨靖宇
愤怒地说道："我不去，我就是不去。"二叔说"你不去，我
就打死你。""你打死我，我也不去，我就是不去，王家是人，
咱家不也是人吗？王玉玺吃咱们的、喝咱们的，凭什么还得给
他送礼？他也不是族长、长辈，凭啥要给他鞠躬行礼？"二叔
听完，气得咳嗽不止，无奈地告诉他这是村子里的老规矩的时
候，杨靖宇说了一句令二叔震惊的话："不合理的老规矩就得
改了它！"说完杨靖宇眼中含泪地冲出了二叔的房间。

　　母亲在外面早就听到了他和二叔的对话，心里干着急，却
不敢贸然进屋，现在看到杨靖宇出来了，赶紧把他拉到自己的
屋子里说到"顺清啊，你要听你二叔的话，那王玉玺是谁啊，

他一句话我们就都得饿死。更何况我们这么多年，好在有你二叔的照顾，我们才能活到今天，你可不能连累你二叔一家啊。"说着母亲早已泪流满面了。杨靖宇站起来愤然地说道"妈，你们都别怕，有我呢，谁要是敢欺负你们，我就放火烧他的楼屋。"母亲看到杨靖宇这样，哭得更厉害了。杨靖宇看着满脸泪水的母亲，又听到二叔屋子里传出的阵阵咳嗽声，心里虽然无比愤怒，但还是答应去给地主送月饼。他一个人走在路上，心里越想越生气，他决定不能就这么便宜了地主王玉玺，一定要给他点颜色看看。于是杨靖宇偷偷地回到自家后院，将月饼用刀小心地切个小口子，然后往里面灌上了沙子和马粪。之后包装好了，送到了王玉玺家中。说来也巧，杨靖宇刚送去，地主的小儿子就拿到院子里去分给众人吃了。杨靖宇就躲在外面没走，不一会儿就听见里面的骂声四起，还有孩子的哭闹声，一时间地主家的院子里炸开了锅。

杨靖宇听到后心里乐开了花，但也正是因为这件事，让杨靖宇第一次认清了地主老财的真实面目。他发誓总有一天，等自己长大了一定要带领那些和自己一样的苦难农民，打倒恶地主，让更多的老百姓自己做自己的主人，不再被人鱼肉和欺压。热爱人民，痛恨地主恶霸的阶级情感在杨靖宇的心中慢慢发芽了。

4. 帮小伙伴交学费

1913 年，杨靖宇 8 岁，母亲将他送到李湾村私塾读书。教书先生刘景臣，给他起学名马尚德，字骥生。杨靖宇深知自己家境艰难，母亲供自己上学特别不容易，若学不好，对不起母亲的一番苦心。因此他学习刻苦，他的学习成绩、毛笔字在全班是拔尖的。

当时班上有个孩子名叫李世芳，和杨靖宇是同村人，家里也是租种地主王玉玺家的地，但因为父母都身体不好，家又没有亲戚朋友帮衬，日子过得比和杨靖宇家还要困难，李世芳也是经常要到地里帮助父母干活。也许是出于同样的家庭背景，李世芳和杨靖宇关系很好，他们都深知穷人家孩子能够上学的不易，特别珍惜学习机会。平日里相互督促、鼓励学习。而且他们还约好，一定要好好学习，长大后像刘景臣和关易公那样成为一名教师，专门免费给那些念不起书的穷孩子上课。但是事与愿违，李世芳的父亲本就身体不好，又在给别人家帮忙盖房子的时候从高处摔了下来，彻底丧失了劳动能力。这样李世芳就要经常留在家里照顾父亲，还要下地去帮母亲。渐渐地，李世芳就落下了好多功课，成绩也是一落千丈，老师对他也是各种责骂。慢慢地李世芳就失去了学习的信心，经常一连好几天都不来上课了。杨靖宇看着李世芳这样真是着急死了，一天放学后，他就赶紧来到李世芳家中。李世芳开门一看到杨靖宇眼泪就流了下来："尚德，你咋来了呢？"杨靖宇说："我看你又是好几天没去上课，我担心你，过来看看怎么回事。"李世芳叹气道："没啥，我家里穷，现在父亲也需要我照顾，我就是想去上学也没这个机会啊。我就将就认几个字就成了，不敢有别的奢望。"杨靖宇听完他的话心里很不是滋味，劝解到："世芳，你别灰心。虽然我们都是穷人家的孩子，但我们不能让困难给打倒。你一定要坚持，千万不要放弃学习啊！"李世芳摇摇头："光坚持不行啊，要是我去上学，就没人帮我娘干活了，那我们家连饭都吃不上了。再说我的功课都落下那么多了，怎么可能再赶上呢？"杨靖宇一把拉过李世芳说："世芳，你放心，我不会不管你的。以后我有空就来你家帮忙干活，你落下的功课我也一节一节的给你补回来，说什么你也不能退学。"李世芳听了杨靖宇的话感动的泪流满面："谢谢你，尚德。"

从那以后，杨靖宇在自家地里干完活，就赶紧去李世芳家里帮忙干活。活都干完了，就在李世芳家给他补习功课。无论刮风下雨，杨靖宇一次都没耽误过。一转眼小半年就过去了，李世芳的学习成绩也慢慢赶了上来。临近期末的一天，私塾先生对大家说："明天大家交一下下个学期的书本费用，我给大家提前去买，免得耽误了新学期用。"第二天一早，同学们都交齐了学费，但是直到放学，也没见到李世芳来。杨靖宇心里一紧，不知道李世芳家里是不是又出了什么事情，所以饭都没吃就匆匆忙忙来到李家，看到李世芳正坐在院子里唉声叹气。杨靖宇忙问："世芳，你今天怎么没去上课呢。"李世芳无奈地说："尚德，我不打算念了。我爹病的这么重，都不舍得请个大夫给看看，又哪有钱供我上学呢？"杨靖宇一听可傻了眼了，自己家里也困难，这要怎么帮助李世芳呢？他急得直跺脚，突然他想起，过年的时候妈妈给了他一块钱的压岁钱，他一直都留着没舍得花呢，现在不正好可以拿出来帮助李世芳吗。于是他说道："世芳，你别犯愁了，我还有一块钱的压岁钱呢，明天我就帮你把学费交了。"世芳赶紧说："那可不行，你家里也不富裕，不能给我用啊。""不怕，上学最要紧，钱没了还可以再挣的。"杨靖宇坚定地说道。说完杨靖宇就跑回了家，一进屋就和母亲说了李世芳家的情况和自己要用压岁钱帮助李世芳的事情。母亲听后笑着说："顺清真是懂事了，我们都是穷人，穷人就该帮助穷人，妈妈支持你，妈妈也为你感到骄傲。"第二天一早，李世芳就将一块带着体温的银圆交到了老师的手里说："这是李世芳的学费。"先生接过了钱，一下子就明白了事情的原委，打心里敬佩杨靖宇。等到新书本一买回来，杨靖宇就赶紧给李世芳送了过去。李世芳拿着新书本开心极了，一直不停地感谢杨靖宇。

虽然后来李世芳因为家里困难，最终也没能完成学业，但杨靖宇给他交学费的事情却一直温暖着他。杨靖宇也在这件事情中更深刻地体验到，钱并不是世界上最重要的东西，帮助别人才是最好的品德。

5. 我来保护你们

十三岁那年，杨靖宇考进确山县立高等小学，所学课程已不是《四书》、《五经》等旧式文化典籍。这里开设的国文、图画、音乐、体育、修身等课程，使杨靖宇接触到很多新的知识领域。这所学校的学生中有少数的地主官宦子弟，他们经常仗势欺辱穷人家的孩子。杨靖宇出身贫苦，富有正义感，个头又比同龄学生高出许多，不知不觉中成了穷苦学生的主心骨。

确山小学是当地一个姓孙的地主捐资建立的，因此他的儿子在学校受到特别优待。孙少爷平日里仗着自己父亲的权势，在学校里很是放肆，上课不认真听讲，趁老师不注意在下面搞小动作；经常不完成作业，还跟老师无理取闹，甚至威胁老师再敢管他，就让他爸把老师开除；对待同学就像对待自己家的佣人一样，好吃懒做，就连喝水都要同学去给倒……学校里的老师和同学都恨透了他，但又害怕受到报复，所以都敢怒而不敢言。有一天，杨靖宇正在教室温习功课，突然听到一个同学的哭声。他抬头看到班里一个年纪最小的同学正站在门口哭得很伤心。杨靖宇赶紧放下书跑了过去，他看到这位同学脸和耳朵都红红的就问道："你怎么了，这脸怎么这么红肿。"同学哭着说道："我被孙少爷给打了，他太欺负人了，在操场碰到我，非要让我给他当马骑，硬是把我按在地上骑了好几圈。我实在受不了了，就说我不干了，他就一顿拳打脚踢。"杨靖宇听完怒火中烧，他来到操场找到孙少爷说："校长找你有事情，叫我来找你。"孙少爷一听是校长找自己多少还是有点害怕，就乖乖跟着杨靖宇走了。杨靖宇把他带到了学校后面的一间小屋里，没等孙少爷反应过来，他就反身迅速锁好了门，喝令孙少爷趴下，让他给自己当马骑。"你敢，你敢！"孙少爷说道。杨靖宇将孙少爷一把摁倒在地说道"凭什么你可以让别人当马给你骑，你自己就不能给别人当马骑呢？"孙少爷带着哭腔反驳道："我是少爷，是上等人，你们算什么，都是些下等人。"杨靖宇听了这话更是气得不行，挥拳将他好一顿揍。少爷像被杀的猪一样嚎叫"你竟敢打我，我要让我爹把你送到大牢里去！"杨靖宇不但没有害怕反而更火了，说道"送到大牢，我也不怕你，今天非打到你满地找牙不可。"说完抡起拳头又是一顿打。孙少爷终于害怕了，哭得声音都变了说："求求你了，别打我了，我以后再也不敢欺负人了，我保证，我以后一定老老实实的。"杨靖宇警告他说："放了你可以，但你要答应今后不许再欺负人，也不准向你老子告状，要不的话，还揍你！"

孙少爷连连点头答应。杨靖宇这才停了手，打开门将他放了出去，此时围在外面的学生都拍手叫好，就连老师们都拍手称快。从此，学校里再没有人敢欺负穷学生。

这件事刚刚平息没多久，也就是 1919 年 5 月，五四运动的熊熊烈火就烧到了确山县高等小学，学生们罢课、游行、抵制日货。确山县县长不敢公然镇压，就派了一名姓孙的学监（学监就是督促学校教育的人）到高等小学去监督教学。这个孙学监平日里就是出了名的坏人，现在又是县长封的"钦差大臣"，更是嚣张得意得不行。每天在学校里指手画脚，盛气凌人。但杨靖宇这些血气方刚的学生怎么会把他放在眼里呢，不但不执行他的命令，还常常捉弄和讽刺他。这个不识时务的家伙，心里非常气恼，但又怕直接拿学生开刀会激起民愤，思来想去觉得来一出"杀鸡给猴看"的把戏。他突然有一天大发脾气，说自己的衣服不见了，而且一口咬定就是学校的伙夫李大爷偷的。就叫来几个兵差，把李老头捆绑起来，吊在树上，硬要他"招认"。李老头是位老实人，无端地受此冤屈，气得呜呜直哭。正在这时，杨靖宇来到了现场。他看着正遭受毒打的李大爷心里想："李大爷平日里为人忠厚老实，只知道给学生们做饭，绝对不会干这样的事情的。"于是杨靖宇上前："你们凭什么打人，这是违法的，赶紧把人放下来。"兵差见是个学生轻蔑地说："你算老几，不要多管闲事。这老头偷了学监的衣服，就该打。"杨靖宇愤然道："说他偷了衣服也要有证据，没有证据就不能打人，再不放人，我们就不客气了。"说话音未落，几十名学生也都围了上来，包围圈越来越小。几个兵差见学生来势汹汹，龟缩在一起，没有一个敢说话的。校长闻讯赶来，怕惹出乱子，就对同学们说："快散开！快散开！你们要少管闲事！这非同小可！"这时，杨靖宇又挺身而出，冲着校长说："我们反对陷害好人，这怎么叫管闲事？"校长指着他说："马尚德，你还想不想读书！"杨靖宇毫不示弱，理直气壮地说："不读就不读，你们开除吧，这里不是教育人的学校，是衙门！"校长感到自己无能为力，连摇头带跺脚地走了。几个兵差见学生人多势众，就无可奈何地把李老头从树上放了下来。结果当天晚上学监就带了好几十个差兵，到学校去抓杨靖宇，一进学校，就嚷着要找昨天那个高个子男孩。校长急了，就一个劲地道歉。兵痞不听，开始在学校到处搜找，弄得整个学校乌烟瘴气。杨靖宇见状，拿了一盒火柴爬到了房顶大声说："知道这是什么吗？是洋火！你们不走，我就把房子烧了。"校长也赶忙说："诶，我们也管不住他。你们还是走吧，这孩子，你们不走，把他逼急了，他一定会烧。房子烧了，你们头也不会饶你们。快走吧。"于是，学监只好令兵差们灰溜溜地走了。

这件事以后，杨靖宇在同学中的威信更高了，同学们有什么事情都会请他帮忙，就连周边的老百姓也都开始钦佩他了。但杨靖宇始终都很谦虚，并且一直都说："我是老百姓的儿子，我们又都是中国人，只要我在一天，就不会让我的同学和那些像我一样的老百姓白白受人欺负。无论什么时候，只要有压迫、有欺辱就让我来保护你们！"

6. 焚烧日货

1919年，五四运动发展得如火如荼。为抗议日本迫使中国签订丧权辱国的《二十一条》及日本接替德国霸占山东省，挽救中华民族工业，中国人民积极地展开了一场抵制日货的斗争。杨靖宇作为确山高等小学学生会的会长，领导学生积极参加各类运动，"打倒日本帝国主义，废除二十条，抵制日货"的口号响彻大街小巷。杨靖宇带着学生会的学生挨家挨户的发放传单，向人民群众揭露日本帝国主义的丑恶嘴脸，动员他们积极抵制日货。此外，杨靖宇还跑遍了县上的每家商铺，对商铺老板晓之以理、动之以情，劝说他们不要出售日货，要支持国货，爱我中华。就这样，学生会每天都能收来一大批日货，然后把它们都堆放在广场放火燃烧，那堆积如山的日货，顷刻之间化为灰烬。

一天上午，杨靖宇率同学们到火车站和街市搜查日货，宣传购买日货的危害和抵制日货的意义。一位铁路工人告诉他昨夜一个店主拿着县长手谕提走几大包货物，不知里面有没有日货，到现在还没有检查呢。杨靖宇听了马上率同学们来到这家商店，一进门还没等老板说话，杨靖宇就说："老板，我们是确山小学抵制日货的学生，今天来你店里检查日货。"这老板一看是确山小学的心中不免有几分害怕，因为他早就听说确山小学的杨靖宇带领的抵制日货的队伍很不一般，马上满脸堆笑地说："小店一向奉公执法，早就把日货都上缴了，现在出售的都是国货了，就不用查了吧。"杨靖宇冷笑一声道："我知道之前查过你店里的日货了，政府还按照原价给你了补贴，但是昨天听说你提走了几包货，我们是专门过来检查这些货物的。"老板见事情可能瞒不住了，就赶紧耍赖道："别误会啊，我哪有提货啊，我都好多天没提过货了。""你胡说，有人亲眼看到你提货了，赶紧把日货都交出来吧！"杨靖宇用手猛地一拍柜台呵斥老板。老板一看软的不行，心想那就来硬的吧，他也一拍桌子说道："你个毛孩子，这事还轮不到你来管，我家是县长特许的经销商，你们无权过问……"没等老板说完杨靖宇就带领大伙冲到了库房，不一会儿就搜出了很多日本布料。

抗日英雄
杨靖宇

杨靖宇怒吼到："你自己看看，这不是日货这是什么？"老板得意地说道："日货怎么了，我有县长大人的批条，你们能把我怎么样。"杨靖宇见他贩卖日货不但不感觉羞耻，还振振有词，不由地火冒三丈说："天下兴亡，匹夫有责。现在日本人都欺负到我们的头上来了，你却还为一己私利出售日货，你的良心呢？今天不管是谁批准的，只要是日货我们就烧定了。"说着大伙就开始往外搬日货。这时一个油头粉面戴眼镜的人跑了进来说道："等下再搬，你们谁是头啊，我有话要说。"杨靖宇不屑地看了他一眼说："我就是。"他忙说："我是县长的秘书，受县长的委托特来解释一下，这批日货是县长特批的，不会向民众公开出售的，所以在外界不会造成任何影响的。"杨靖宇听后怒斥到："你身为国家官员，不思报国为民，却为不法奸商说情，还有没有中国人的良心？"来人见杨靖宇软硬不怕，就找来校长，校长以不听劝诫就开除学籍相威胁说道："马尚德，你的爱国精神可嘉，但是不能连县长的面子也不给，你再这么胡闹下去，我就开除你。"杨靖宇毫不畏惧，斥责校长到："你不爱国还反对学生爱国，我不怕你开除，你真敢开除我们，我们就号召全校同学罢课，要求罢免你这个不称职的校长。"校长又气、又恼、又怕。他明白，时下各地学潮不断，抵制日货是全国人心所向，真把学生激怒了，把事态搞糟，自己只会落个卖国罪名。想到此，校长悻悻而去。

杨靖宇和同学们一把火点燃了日货，熊熊烈焰腾空而起，在火光及众人的欢呼声中，杨靖宇感受到了爱国的力量、人民的力量。爱国的热情在杨靖宇的心中熊熊地燃烧着。

抗日英雄
杨靖宇

二、革命洗礼　英杰出世

1. 领导确山农民暴动

1923 年，杨靖宇考上了河南开封的纺织颜料学校。在这里他接触到了北京、上海等地出版的进步书籍、报刊，从而更进一步地了解到了俄国十月革命。他怀着无比激动和喜悦的心情，如饥似渴地学习马列主义，并且于 1925 年加入了中国共产党的预备队伍——共产主义青年团。从此，杨靖宇决心在党的领导下，为共产主义奋斗终生。

1926 年，学校因为时局动乱，害怕学生闹事，就给学生提前放了寒假。杨靖宇受党组织的委托，决定利用回家乡的机会，发动群众运动。因此从开封回乡以后，杨靖宇就日夜为此到处奔波。他先是召集农民开会，在会上杨靖宇严肃地问道："大伙有没有想过，有这样一个社会，在那里没有地主，没有贫富之分，更没有挨饿。"老百姓一听这话顿时炸开了锅，你一言我一嘴的议论起来："咋可能呢，这富人就是富人，穷人就是穷人，永远不可能改变。""我家祖祖辈辈都是穷人，还从来没听说什么时候能没有地主呢？"……杨靖宇看着人们议论纷纷说道："怎么没有这样的社会呢，俄国就是最好的榜样啊。"于是在昏黄的油灯下，杨靖宇滔滔不绝地给大伙讲起了俄国十月革命，慢慢地大伙眼中那茫然的神情消失了，取而代之的是一种充满希望的憧憬。就这样，杨靖宇每天宣传革命思想、播撒革命火种，很快在确山建立起了一支以当地老百姓为主力的农民武装，准备攻打确山县城。

为战斗做准备，杨靖宇他们制造了一批大刀、长矛、杠子枪和土炮，就是缺少步枪这样的新式武器。杨靖宇思来想去，决定从敌人那里来想办法。当时驻守确山县城的是军阀吴佩孚的部队，杨靖宇和其中一个士兵混得很熟。有一天，杨靖宇买了一包花生米找到了正在站岗的这个士兵说："兄弟辛苦了，我给你带了点花生米，赶紧吃点。"这个士兵一见花生米眼睛都亮了说："谢谢兄弟啊，这可是好东西，平时难得吃上一回啊。"说完就迫不及待地吃了起来。杨靖宇看他吃得开心就说："兄弟，我也想当兵，你教教我怎么用枪吧。"士兵满口答应下来，一边吃一边教杨靖宇如何持枪和瞄准。不一会杨靖宇就学会了，于是他就扛起枪走起了正步，士兵就高兴地喊着"一二一"。杨靖宇越走越远，一直走到了城门边，士兵就喊道："向后转。"杨靖宇回头笑着说："朋友，我不向后转了，我要回家了。"士兵说："那把枪放地下就行了。""朋友，你吃了我的花生米，那就把枪送给我吧。"士兵说"别开玩笑了。"杨靖宇这次头也不回地扛着枪，一下子就冲出了城门，士兵半天才反应过来，赶紧撒腿就追，但早就晚了。杨靖宇看士兵不可能追上他了，就停下来，在地上放了两块银圆喊道："朋友，对不住了，但我拿你的枪是去打反动派，人们会记住你的。这两块银圆你拿着回家去吧，别再给反动派卖命了。"那个士兵怔了一会儿，心想回去也是没办法交差了，于是捡起银圆往回家的路上走去。由此杨靖宇得到了确山农民起义真正意义上的第一支枪，后来他又陆陆续续地从敌人手中截获多支步枪，确山农民武装不断壮大发展起来。

1927年4月6日，确山农民起义的枪声打响了。河南遂平、信阳、汝南、正阳等县的农民武装也前来支援杨靖宇，围攻大军达到了五万人。杨靖宇任总指挥，围攻大军兵分十路进攻确山县城。杨靖宇高声呼喊道："同志们，冲啊！"农民军怒吼着冲向了县城。他们在杨靖宇的指挥下，很快控制了主要的交通路线，捣毁了火车站，切断了电话线。敌人像无头的苍蝇一样抱头乱窜，全都聚集到了高高的城墙上。杨靖宇见状一声令下："用土炮把他们全都轰下来。""轰"、"轰"、"轰"土炮一声接一声的向城楼轰击，上面的敌人急得像热锅上的蚂蚁，团团转。这时突然从城上下来一个举着小白旗的人，他一边走还一边高声喊着："别开枪，别开枪，我是来议和的。"杨靖宇厉声道："没有什么好议和的，你们赶快缴械投降吧。"议和的人满脸堆笑地说："好商量，好商量，只要你们先不开炮了，咱们有话好说嘛！"杨靖宇冷笑道："哼，别再演戏了，我看你们就是想拖延时间，等待援兵。去，告诉你家主子，我们就是要打倒你们、推翻你们，别的没什么好谈的。"议和的人灰溜溜地跑了回去。在杨靖宇的指挥下，农民军又向城楼发起了更为猛烈的进攻。

4月9日，负隅顽抗的敌人终于弹尽粮绝，弃城逃跑了。确山县城的城门终于打开了。杨靖宇亲手将农民军的大旗插在了城门上，并且大声说道："同志们，老乡们，我们胜利了，从今以后我们就要自己当家做主人了。"城楼下的人们一下子沸腾起来了，他们走上街头，欢呼胜利，高兴得不得了。杨靖宇看着欢腾的景象，眼眶湿润了，这次的暴动让他变得更坚强，也让他深知自己肩上的重担，更让他清醒地认识到全中国还有那么多的老百姓依然处在水深火热中，革命任重道远。

2. 掀起刘店大起义

确山农民暴动胜利不久，在暴动中逃跑的大乡绅何明义，纠集了一千多人组成了地主武装。他公开投靠军阀，摇身一变成为河南军政官员。为了报复确山农民军，他派了一个营的兵力，突然包围确山县城，杨靖宇面对敌我力量悬殊的现实状况，决定保存实力，果断决定从确山县城撤走，到农村去打游击。

不久，中共八七会议召开，会议的一项重要决议就是领导农民进行秋收起义。中共河南省委根据八七会议精神召开扩大会议，专门商讨确山县武装起义的具体问题。会上杨靖宇说道："同志们，虽然我们撤离了确山县城，但是我们的斗志不能磨灭，现在新的任务又摆在了我们面前，我们一定要响应八七会议精神，自主开展武装斗争，打倒大地主、大军阀。"说完就和大家热烈地讨论起来。最后杨靖宇综合大家的意见觉得选择刘店镇作为起义的地点。他说："选择刘店，是因为那里群众力量强大，另外那里有个劣绅叫李广化，他在刘店一带无恶不作，鱼肉乡民。大伙都恨透了他，所以这个地区的群众斗争性高，容易发动起义。"杨靖宇说完大伙纷纷举手同意。

1927 年 11 月 1 日凌晨，当所有人的都进入梦乡的时候，杨靖宇带着农民军悄悄地潜进了李广化的驻地。本来还在为怎么干掉岗楼上的哨兵而犯愁的，摸进岗楼的时候却发现哨兵早就睡得像死猪一样了。杨靖宇一使眼色，几个身手矫捷的民兵三下五除二就把他抓住了。那个哨兵还没反应过来怎么回事呢，就被俘虏了，他睁开眼睛惊恐地看着杨靖宇他们："你们是谁，怎么到这来的，你们想干什么啊？"杨靖宇说道："兄弟，别害怕，我们都是农民军，不会为难你的，我知道你也是被逼才来当团丁的。"哨兵连连点头，之后杨靖宇指挥部队包围了整个大院，杨靖宇指挥道："先在外面吓唬吓唬他们，他们中好多都出身农民，只要他们不反抗，我们还是能给他们一个机会的。"于是民兵们，在门外、屋顶开始放枪，一时间，枪声大作，屋里正熟睡的团丁们被吓得惊慌失措，在屋里到处躲避乱窜。这时候不知道哪跑出几个团丁，跑到另一侧开枪抵抗，一场激烈的战斗开始了。慢慢地，四面八方的群众都跑来声援农民军，他们聚集在外面，为里面作战的农民军准备吃的，给伤兵包扎。至到天亮，敌人的枪声才慢慢弱下去，杨靖宇知道他们是没有子弹了，于是亲自向敌人喊话道："团丁弟兄们，我知道你们都是被逼来的，你们只要交枪投降，我们是不会为难你们的。你们家里还有父母、妻儿，你们不为自己考虑，也要为他们考虑啊。我们打的是李广化，你们不要再给他当走狗，白白替他送死了。"有的团丁动摇了问："我们要是交枪了，你们真的不杀我们吗？"杨靖宇说道："你们放心，我们农民军说话算话。而且只要你们愿意，随时可以加入到我们的队伍中来。"这时那些团丁的家人、邻居也都纷纷赶到了，在他们的劝说下，团丁们终于举枪投降了。杨靖宇指挥农民军冲进李广化的家，却没有找到李广化，原来他头一天晚上去

抗日英雄
杨靖宇

确山县城汇报工作，早上返回的途中接到庄园被攻破的消息，慌忙逃回了确山县城。

起义胜利后，杨靖宇就带领数千农民兵和群众来到广场上召开胜利庆祝大会。他激动地说："刘店起义胜利了，确山农民军胜利了。"说完就将革命的红旗插在了广场上，鲜艳的红旗在刘店上空飘扬着。随后在杨靖宇的号召下，广大农民纷纷报名参军，要为自己的家乡和亲人的解放贡献一分力量。刘店起义不但鼓舞了整个确山县人们的革命斗志，也使杨靖宇在斗争中再次经受了锻炼和考验，变得更加机智、勇敢。

3. 两次机智脱险

1928 年，杨靖宇出任河南省信阳县委书记，全面主持当地的工作。在信阳，杨靖宇为了不引起敌人的注意，经常乔装改扮，不是装成乞丐，就是扮成卖货郎，一次次机智地逃过敌人的追捕，化险为夷。

为了方便开展工作，杨靖宇决定将原信阳县委交通员吴少堂的家作为接头和活动地点。一天，杨靖宇照旧按照约定时间来到吴家。刚一进门，就看到一伙便衣正在屋里屋外到处搜查，便衣们见进来一个瘦高个的男人，都纷纷停止了搜查，双方就这么对视着。杨靖宇心想："不对，他们这么翻箱倒柜地搜查，一定是来者不善啊。"杨靖宇赶紧若无其事地向里屋喊道："大嫂，大嫂，在家吗，我来收账了。"这时正在屋里和便衣头子周旋的吴大嫂从里屋出来，看到杨靖宇这个时候来了，心里一惊。但马上机智地接过杨靖宇的话说道："不就是欠了你二斗米钱吗，你这天天都来要，还让不让人活了啊？"杨靖宇一听就知道自己的猜测是对的，说道："大嫂，你不把钱还给我，我没办法向老板交差，那我也活不了啊，是吧。今天赶紧给我拿上，不然我就不走了。"说着就坐在了桌子旁边。吴大嫂赶紧上前说："大兄弟，现在家里真的没钱，你就再宽限几日吧。要是把钱给你，家里就断粮了。你看我家娃娃还小，总不能饿着她们吧。"杨靖宇用手指指一旁的特务说道："你家今天来了这么多人，让他们给你随便凑凑，这钱不就有了吗？"吴大嫂急忙说道："他们不是我家亲戚。""真不是吗？"杨靖宇质问道。吴大嫂说："真不是。"杨靖宇装出一副悻悻的表情说："算我倒霉，今天就算了。但是明天一定要给我准备好，说什么也不能再拖了。"说着就站起来往外走，吴大嫂连连点头的送着。"不许走，给我绑了，押回去审了再说。"特务头子冷冷地说道，没等吴大嫂回过神来，几个特务爪牙，就把杨靖宇给绑了带走了。在司令部特务头子问道："快说，你到底是什么人，不然就要受皮肉之苦了。"杨靖宇装出一副极其害怕的样子说道："老总，您抓错人了，我真的就是个要账的先

抗日英雄
杨靖宇

生。刚才不知道是老总您，多有冒犯请您恕罪啊。"特务头子听了这话口气稍有缓和地说："我凭什么要相信你呢？"杨靖宇赶紧说道："我就是城东粮宝斋的伙计，不信你可以去问啊。"特务头子看确实没有什么破绽，又加上组织上也积极托人营救，没几天杨靖宇就被放了出来。

抗日英雄
小故事

出狱后，杨靖宇赶紧调查事情的真相，原来是共青团县委机关遭到了敌人的破坏，抓住了女工作人员周其著，她受不住敌人的拷问，供出了自己的房子是吴少堂租给的，暴露了吴少堂，这才有了上面惊险的一幕。杨靖宇预感到信阳已经不安全了，不能再待了。于是连夜在另一个同志徐延曾家里召开紧急会议，转移了油印机，烧毁了所有文件。散会后，杨靖宇就在徐家住下了，打算明天一早离开。但不曾想到，一大清早，杨靖宇就被一阵急促的敲门声惊醒了，三十几个端着枪的官兵不等徐家人把大门打开就硬闯了进来。徐家大小被赶到了院子里，杨靖宇也被带了出来。杨靖宇仔细地观察着这些人，发现并没有上次遇到的特务，心里平静了很多，做好了随时战斗的准备。

这时一名军官开口问道："徐延曾和徐炳兰去哪了啊。"徐家人都说不知道。军官正气恼的时候忽然注意到了杨靖宇，就问："他是谁啊？"由于杨靖宇事先就和徐家人串好了话，徐德曾镇定地答道："他是我姨家的兄弟。"军官逼问道："那他是哪里人，家里又有什么人呢？"徐德曾说："我家就是他家啊，他父母死的早，家里也没有别人了，是我父母把他拉扯大的。"军官不信，又叫出徐德曾的妹妹质问，但得到的是一样的回答。军官彻底被激怒了，将徐德曾一顿毒打，折腾了两个多小时，怏怏离开了。

敌人一走，杨靖宇赶紧扶起身受重伤的徐德曾说道："感谢你们徐家人救了我啊！"徐德曾强忍着伤口的疼痛说："这是我们应该做的，你快走，免得他们又杀回来。"杨靖宇安慰道："我马上就离开，但你们要坚持住，要相信革命总有一天会真正胜利的。"

杨靖宇又简单交代了徐家人几句，就匆匆离开了徐家。一路上，杨靖宇的心情都是沉重的，他痛恨敌人的无良和残暴，心疼老百姓整日生活在水深火热中。越想他越是百感交集，他在心里暗暗呼喊道："革命一定会成功的，天下一定会太平的。"

4. 离开家乡

杨靖宇自信阳脱险以后，就立即返回了河南省委。经组织上研究决定，他又被派往开封开展地下工作。当时河南省委正利用敌人内部出现矛盾的时机，积极营救狱中的同志及革命群众。开封地下党主要负责出狱同志的接头、转移和安置工作。杨靖宇作为领导，主要负责吃、穿、治病等关键问题。经过几个月的努力，出狱同志除部分还在养伤外，大部分都已经安置妥当。杨靖宇受中共中央指示，要护送剩余未安置的同志到上海培训班，自己也要在上海接受培训。离开家乡的前一天，杨靖宇悄悄返回老家去和家人告别。

当时杨靖宇家中早已有妻子，而且还有了一对可爱的儿女。

杨靖宇考入开封纺织工业学校以后深受革命思想的影响，秘密参加革命活动。后来，受党组织派遣，杨靖宇回到家乡确山从事农民运动。那时，他的公开身份是李湾村小学的教员。邻村姑娘郭莲利用到李湾村姑妈家走亲戚的机会，时常到杨靖宇任教的学校，看看心仪已久的杨靖宇。1926年，"马尚德"和郭莲喜结连理。次年，郭莲就为"马尚德"生下一个男孩，取名"马从云"。

1927年杨靖宇在徐中和、李则青两位党员的介绍下，在确山县城的福音堂楼上一个房间举行了秘密的入党仪式。杨靖宇激动地宣誓道："严守秘密，服从纪律，牺牲个人，阶级斗争，努力革命，永不叛党。"随后杨靖宇就领导了确山农民暴动和刘店秋收起义。直到这时，郭莲才惊喜地发现，丈夫原来是共产党。在白色恐怖的年代里，知道丈夫身份的郭莲既高兴又害怕，特别是杨靖宇到大别山组织游击队后，她就愈加担心了。郭莲的心里有一种预感：丈夫迟早有一天会离开她和孩子。果然，就在的女儿"马锦云"出生第五天的夜里，"马尚德"忽然带着满身的疲惫回到了家中。"咚咚咚"一阵急促的敲门声惊醒了正在熟睡的郭莲，她披上衣服走到门口问道："这么晚了，谁啊。""是我，我是尚德，快开门。"郭莲一听是丈夫回来了，高兴地赶紧打开了门："你终于回来了，家里人都要担心死你了。"杨靖宇表情凝重对郭莲说："明天我要出趟远门，也许几年都不能回来，这个家就交给你了！"时年22岁的郭莲知道，丈夫这次肯定又去干大事，贤惠的她点了点头说："尚德，你放心地去干大事吧，母亲和孩子就交给我吧。你一个人再外面也要照顾好自己。""马尚德"看了一眼正在熟睡中的一对儿女，心里默默说道："等革命胜利了，爸爸就回来了。"杨靖宇不舍地推开了门。之后来到了母亲的屋里，老母亲一见到杨靖宇眼泪就止不住地流了下来："我的儿啊，你可回来了。"杨靖宇一见母亲就"扑通"一声跪下流泪说道："娘，我对不起您，

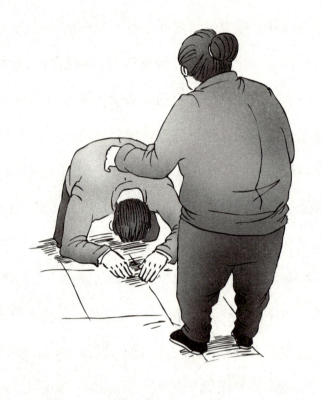

您从小把我辛苦拉扯长大，我却一天也没在您身边孝敬过您。"
老母亲微笑说道："不用你孝顺，我好得很，只要你平平安安
的，我就什么都放心了。"杨靖宇犹豫了一下对母亲说道："娘，
儿子这次又不能在家待太久了，明天一早我就要出远门了，您
别怪我。等革命胜利了，我一定回来。"母亲抚摸着杨靖宇的
头发说："去吧，孩子，我知道你是为了让我们一家人和全天
下的人都能过上好日子。娘不怪你，只要求你一定要活着回来
啊！"杨靖宇早已泣不成声了，他跪在地上又给母亲磕了三个
头。之后妻子也进来了，三个人说了好一会儿的话。夜深了，
杨靖宇要出发了，妻子默默地为他收拾好行李，老母亲叮嘱又

叮嘱。他轻吻了熟睡中的儿女，然后轻手轻脚地走出了家门。

母亲和妻子一直将杨靖宇送到村口，他站在村口回头不舍地看着家门，对母亲和妻子说："都回去吧，郭莲你一定要照顾好家里啊。"说罢含泪转身离去了。母亲和妻子就一直站在原地看看杨靖宇远去，直到他的背影完全消失，两人才回了家。杨靖宇离家一年后，他的母亲就因病去世了。从此，郭莲带着两个年幼的孩子艰难地生活。为了躲避敌伪的抓捕，她带着孩子们东躲西藏，甚至到离家很远的地方逃荒要饭，吃尽了苦头。

后来，郭莲得知敌人并没有抓到杨靖宇的把柄，暂时不会对自己和孩子怎么样，才带着孩子回到家中，结束了颠沛流离的生活。她终日思念杨靖宇，盼着他能早一天回来，每天都去村头等候，但她不知道送走杨靖宇的那一夜，就是杨靖宇和她的最后诀别。

三、勇闯关东 潜伏"地下"

1. 抚顺煤矿当卧底

1929 年 7 月，杨靖宇从上海培训班顺利毕业，中共中央决定将他派往东北地区。在东北的联络员给杨靖宇的第一个任务就是去抚顺煤矿开展工人运动。联络员对杨靖宇说："因为你在河南工作突出，现在你的名字已经上了敌人的黑名单了，所以你要用化名。"杨靖宇想了想说道："执行省委指示，一以贯之。再加上我的母亲姓张，那我以后就叫张贯一吧。"

之后，杨靖宇就以张贯一的身份通过招工进入到了抚顺煤矿。初到煤矿的杨靖宇和工人们同吃同住，每天都一起在又脏又湿的矿井里干活。但杨靖宇发现，无论他表现得多么友好，工友们总是躲着他，本来大伙在一起聊天，但看到他来了马上就散开了。听过打听才知道以前也来过一个新的工友，大家以为都是穷苦老百姓，所以就很照顾他，有什么心里话也愿意和他讲。结果没想到这个人是敌人派来的卧底。从那以后工友们对新来的人都有了防备。杨靖宇知道这个情况以后不但不生气反倒很欣慰，因为他觉得工友们对敌人很仇视，而且警惕性也很高，很利于以后开展工作。一天，杨靖宇正在干活，突然听到一个人求饶的声音："工长，别打了、别打了，我再也不借了。"寻声望去发现是老孙头正在挨打。等工长打累了走了，杨靖宇赶紧上前去扶起老孙头问道："孙大爷，这是咋回事啊，他为啥打你啊？"老孙头叹了一口气道："哎，我老毛病犯了，这次特别严重，本来我是想向工长借点钱治病的，没想到他不但不借给我，还说我平时偷懒，说着还动手打了我。"杨靖宇听完心里难过极了。晚上下了工，杨靖宇偷偷找老孙头说："孙大爷，我这儿有两块大洋，是我平时攒的，你先拿去治病。"老孙头感动得热泪盈眶地说："真是太感谢你了啊。"他走过来紧紧握住杨靖宇的手说："其实，这些天我也在悄悄地观察你呢，我觉得你和别人不一样，你到底是干什么的啊？"杨靖宇笑笑说："我和你们一样啊，都是穷苦农民出身啊。"说完两人相视一笑。很快杨靖宇帮助老孙头的事情就在矿上传开了，工友们渐渐地跟杨靖宇亲近起来。因为杨靖宇脑子活、读过书又为人热情，所以工友们有什么困难事都喜欢找他帮忙，他逐渐在工人中树立起了威信，工友们都亲切地称他为"大老张"。

　　不出工的时候，杨靖宇就开始教这些矿工读书写字，培养他们的斗争意识。平静的日子终于被打破了，一天煤矿贴出告示要裁员，被裁掉的都是老弱病残，而留下的工人不但工资没有提高，还要干更多的活了。一时间民怨四起，工人纷纷抱怨："还让不让人活了啊。""凭什么我们累死累活，还不给我长工钱啊？""一下子裁掉这么多人，他们以后怎么生活，

抗日英雄
杨靖宇

喝西北风去啊？"……杨靖宇看着激愤的工友，心里知道时机终于成熟了。他示意大家安静，然后说道："兄弟们，我们每天这么给资本家卖命，但我们却还是吃不饱、穿不暖，甚至连他家的看门狗都不如。他们根本不把我们当人啊，在他们的眼中我们就是机器啊。""对，说得太对了！"工友们狠狠地说道。"大老张，你说怎么办呢？"杨靖宇沉思了一下。拿起桌子上的筷子说道："你们看，一双筷子很容易就折断了，但是十双筷子就没那么容易折断了。我们也一样，只有我们团结起来，敌人才拿我们没有办法。"工友们听完都举手赞同，杨靖宇提议："那我们就罢工吧。"屋子里一下子鸦雀无声了，沉默了一会儿，大伙异口同声道："对，罢工，罢工。"几天后杨靖宇领导的工人罢工正式开始，三千多工友挥舞着铁锹、工锤冲进了日本资本家的办公室，要求"不准无顾裁员，不准超时加班，增加工资"。罢工持续了三天，日本资本家终于妥协，答应了工友们的要求。

罢工斗争胜利了，工友们欢呼着、喜悦着。他们更加信任杨靖宇了，从杨靖宇的身上，他们看到了希望和未来。而杨靖宇也在同工友们接触的过程中，意识到了工人阶级身上积聚着无比强大的力量，这力量增强了他以后开展工人运动的信心和决心。

2．严厉酷刑的逼供

抚顺煤矿工人罢工的胜利，气得日本资本家们咬牙切齿。于是他们和日本特务勾结在一起，要教训一下这些矿工，出一口恶气。日本特务经过分析认为，抚顺煤矿里一定潜伏着共产党。于是他们开始在煤矿进行大肆搜捕。由于叛徒的出卖，杨靖宇和其他十几名抚顺地下党被捕了，当天就被送进了日本警察署。

经过商议，日本特务决定重点审讯杨靖宇。晚上杨靖宇就被几个日本兵带到了审讯室，特务们一个个虎视眈眈地打量着他。特务问："你叫什么名字？""张贯一。"杨靖宇镇定地回答道。特务又问："你是什么地方的人，干什么的。"杨靖宇说："我是山东人，干什么的你们不是知道吗？我是矿工啊。"日本人看杨靖宇一点害怕的意思都没有，生气地拍着桌子大声说道："胡说，你根本就是共产党。"杨靖宇冷笑一声说道："哼，我是共产党也好，不是共产党也罢，这和你们日本人有什么关系，你们凭什么要在我们的国家管我们的事情？"日本特务哑口无言，半天没说出话来。等回过神来，把脸都气绿了，拿起皮鞭就往杨靖宇身上抽，一边抽还一边说："我倒要看看，是你的嘴硬，还是我的皮鞭硬，快说你到底是什么人？"杨靖宇斩钉截铁地回答道："我是中国人。"日本人恼羞成怒，更加疯狂地抽打杨靖宇。杨靖宇身上的皮都被抽破了，鲜血直流。但杨靖宇就是没低头求饶过。特务们看皮鞭不行，就开始往杨靖宇的嘴里灌辣椒水，顿时，杨靖宇感觉自己的肺里像有无数的钢针在扎，头疼的要炸开了，肚子胀得也受不了了。杨靖宇疼得昏死了过去，特务们就用冷水把他泼醒。日本特务冷冷地说道："你骨头还挺硬啊，我劝你还是招了吧。免得再受皮肉之苦了。"杨靖宇冷笑一声说道："有什么可招的，你们问的问题我不都回答了吗？"特务愤怒地吼道："张贯一，你真是不见棺材不落泪啊，你不招是吧，我有人证可以证明你是共产党。"说着特务向外面一挥手，不一会儿就带进来一个男人。此时的杨靖宇早已顾不得身体上的疼痛了，他早就想知道到底是谁出卖了组织。他紧盯着进来的人看着，这个人一抬头，杨靖宇震颤了："这不是王振祥吗，平日里最亲密的战友，他怎么能叛变呢？"杨靖宇心里又是惋惜又是痛恨，但纵使如此，杨靖宇依然不动声色。特务问王振宇认识眼前这个人吗，王振宇微微抬起看了一眼杨靖宇就低头说："认识，就是他领导了罢工。"杨靖宇镇定地说道："我不认识他。"特务说："那这就奇怪了，你不认识他，他怎么会认识你呢？"杨靖宇说："那有什么奇怪的，你们每天都在外面乱抓人，他为了保住自己的性命，当然就随便说我是共产党了。"敌人对杨靖宇束手无策后，就又开始折磨他。他们对杨靖宇拳打脚踢，杨靖宇始终只有一句话："我是中国人。"打累了，他们就换刑具，先是让杨靖宇坐上老虎凳。他们把杨靖宇绑住，让他一动不能动，然后把他的大腿放平，开始放脚下面放砖头。杨靖宇痛的撕心裂肺，但始终没有求饶过。之后他们又拿夹棍夹杨靖宇的手指，杨靖宇多次昏过去。就这样特务们轮流值班，整整折磨了杨靖宇五天，但却一无所获。最终，日本特务以"扰乱抚顺治安罪"将杨靖宇送到了抚顺县公安局，1930年2月，辽宁省高等法院判处杨靖宇有期徒刑一年零六个月。

1931年4月，杨靖宇因在狱中表现好，被提前释放。不料，出狱才三天，就又被日本人给抓回了监狱。随后震惊中外的"九一八"事变爆发，中国时局更加动荡了。中共满洲省委趁机成功营救出了杨靖宇。两次入狱，让杨靖宇更加认清了日本帝国主义的残暴，这也更增加了他抗日救国的决心。由此，他带着满身的伤痛和革命必胜的信念，投入到了全新的战斗中。

3. 监狱里坚持斗争

杨靖宇第一次入狱时，被关押在了奉天第一监狱南监杂居监一舍。虽然监狱条件艰苦，还经常要忍受监头的打骂，但杨靖宇依旧不改对革命的的热忱。他在狱中曾作《感怀》诗一首：

"世上岁月短，囹圄日夜长。民族多少事，志士急断肠。"以此来激励自己和狱中的同志与难友。

杨靖宇在监狱中积极寻找革命同志。他经常利用晚上打扫卫生的时间，穿梭在各个监牢，向狱友们宣传进步思想，逐渐取得大家的信任。一天，大家都在外面干活，一个叫周世昌的人主动找到了杨靖宇说："大哥，你到底是什么身份呢？"杨靖宇一听，警惕地看了看四周，把他拉到一边压低声音说："别这么大声，我是什么身份不重要，你只要知道我是来帮助你们的就可以了。"周世昌听完激动地说："你这么说，我就知道你的身份了，我和你是一样的人啊。"杨靖宇听他说完激动地握住了他的手。之后在周世昌的介绍下，杨靖宇又认识了也是共产党员的高景阳以及两三位进步人士，监狱内很快形成了以杨靖宇为核心的组织力量，积极配合党组织的工作，坚持斗争。1930 年，刘少奇在奉天纱厂被捕后，也被关押在了奉天第一监狱。但是因为敌人阴险狡诈，逮捕刘少奇的时候是秘密进行的，所以中共党委一无所知。为了尽快营救出刘少奇，党委就派杨一辰去监狱打听情况。杨靖宇就让当时在监狱外门卖酱油的周世昌负责。这一天，杨一辰按照约定好的时间来到监狱外门处，对周世昌说："哎，来二斤酱油。"说着递给了周一个瓶子，周迅速地接过瓶子，把平底下的字条快速地抓在手里，然后打了酱油递给杨说："二斤，您拿好了。"之后杨一辰火速返回监舍将字条交给杨靖宇，杨靖宇打开字条，上写面到：
"刘少奇现化名秉真，速找出其下落。"杨靖宇通过发动身边
的狱友，很快就找到了刘少奇，他握着刘少奇的手说："同志，
让你受苦了，我们已经和外面的组织联系上了，很快就会救你
出去的。"之后杨靖宇让周世昌将这一消息还以上次卖酱油的
方式通知了杨一辰。由此中共省委得知了刘少奇的确切情况，
很快就通过找关系花钱，把刘少奇营救了出去。

　　杨靖宇和他们的同志们还在监狱里经常替不识字的狱友
写状子，对于一切可以教育的人，他们都耐心、细致地做思想
工作。在狱中有一个叫赵小六的犯人，他经常闷闷不乐。杨靖
宇观察了他很久，在一天吃饭的时候与他攀谈了起来："小兄
弟啊，咋不吃饭呢？有什么心事吗，我看你老是不开心啊。"
赵小六一见杨靖宇，眼泪马上流了下来说："我是被冤枉的，
我想家啊，我不想待在这里。"杨靖宇问："是谁冤枉了你啊？"
赵小六说："我们村有个姓王的地主，他相中了我家的三亩坟
地，非要霸占，我不同意去找他理论，他就诬赖我偷了他们家
的东西，把我送了进来。"杨靖宇听后气得握着拳头说："太
欺负人了，还有天理王法吗？"赵小六难过地说："他有钱就
是天理王法啊。"杨靖宇安慰道："你别灰心，你仔细想想这
个地主平日里有什么违法的事情吗？"赵小刘想了想说："还
真有一件，几年前我在他家里干活，他让我给我们当地的土匪

头子送过信，信上写的啥我不知道，但是我送信回来的第二天地主的仇家于八爷家就被人给打劫了。"杨靖宇说："好，这我就有办法了。"说完，杨靖宇就替赵小六给于八爷写了一封信，信上说知道于八爷当年被打劫的内幕，如果于八爷能救自己出去，一定如实相告。这个于八爷当年被打劫的人打了个半死，还损失了好多钱，这么多年都在追查凶手，可是苦于没有线索，到现在还没找到。如今收到这封信，高兴坏了，连夜就到监狱见了赵小六，赵小六将当年的事情一五一十地告诉了他。于八爷马上到警局告发了地主与土匪的事情，地主很快就被捕了，被关入了大牢。于八爷也信守承诺，花钱请人给赵小六翻案，他很快就被无罪释放了。赵小六离开监狱那天，给杨靖宇磕了三个响头："我全家一辈子也不会忘记您的大恩大德的。"杨靖宇扶起赵小六说："赶紧起来，这都是我们应该做的。但你要记住这个地主没有了，还有别的地主，所以你以后还是要多加小心。也希望你出去以后，能帮助那些和我们一样的穷苦老百姓。"赵小六连连点头。

1931 年 4 月，杨靖宇刑满出狱了，在狱中的每一天他都没有放弃过战斗。他在监狱中树立了较高的威信，鼓舞和激励了一大批狱友投入到斗争中来。监狱生活磨砺了杨靖宇的意志，增强了杨靖宇的信心，为他以后开展革命工作提供了宝贵的经验。

4. 补鞋子和当衣服

杨靖宇出狱后，就立即找到满洲省委，要求分配工作。但省委同志考虑到他在监狱期间，曾遭到敌人的严刑逼供，身体状况很差，决定让杨靖宇先养好身体再工作。但被杨靖宇婉拒了，于是在他的坚持下，省委将杨靖宇分配到哈尔滨，从事地下党的工作，主要担任中共哈尔滨市委书记。

杨靖宇对自己平时要求很严，很能吃苦，从来不讲究吃穿。冬天的哈尔滨零下三十几度，杨靖宇却始终只穿一件灰色的大褂，衣服破了就随便找块布条补补，战友们始终看不下去了就纷纷劝说："买件新的吧，这天这么冷，穿这么少会冻坏了的。"杨靖宇每次都笑笑说："不会的，我身强体壮，有这件大褂足够了。"因为曾经被敌人灌过辣椒水，所以杨靖宇的肺部受到了感染，天一冷，他就咳嗽不止，再加上晚上只盖一条薄薄的棉被，他的病越来越严重。但他从是不肯花钱去看医生，甚至连药都不愿意买。他总说："我这都是老病根了，不要糟蹋了钱。省出来的钱，我们可以买更多的子弹去打鬼子啊。"有一次，负责照顾杨靖宇的文艺工作者，用自己的生活费请杨靖宇在街边的小馆子吃了一顿饭，吃完饭往外走的时候杨靖宇问："你平时也是这样对待别的同志的吗？"他回答说："不是的。"杨靖宇听后问道："那你为什么要这样对待我呢？"他说："我

很尊敬您，您平时生活太艰苦了，我想给您改善一下。"杨靖宇耐心地说道："谢谢你的好意，但是我生活的挺好的啊，中国现在还有成千上万的老百姓吃不上饭呢。如果你能将这些钱交给党，作为革命经费，不是更有意义吗？"杨靖宇的一番话，说得他羞愧不已，但也十分感动。

杨靖宇那时候在哈尔滨就住在地下工作者老孟的家里。老孟是个皮鞋匠，他平日里和杨靖宇关系很好。他看到大冷天的杨靖宇不穿棉鞋，总是穿一双皮鞋，而且皮鞋早就破旧不堪了。他就让杨靖宇穿自己的棉鞋，但是杨靖宇每次都拒绝了，只是让老孟给他补补坏了的皮鞋。有一天，老孟看到杨靖宇的鞋前面都"张嘴"了，露着脚趾头。他看不下去了，就跑去给杨靖宇买了一双新皮鞋放在了他的床头。杨靖宇回来看到新皮鞋就问老孟："老孟，我这儿怎么有双新皮鞋啊？"老孟说："什么新皮鞋、旧皮鞋的，有鞋你就穿吧。"杨靖宇坚定地说道："不行，这鞋一定是你新买的，但是我的鞋还能穿啊。"老孟头也不抬地笑着说："能穿，你唬谁啊，早晨我就看到你的鞋都露脚趾头了。"杨靖宇赶紧抬起脚说："你看，我都补好了啊。"
老孟抬头一看，杨靖宇的鞋前头又掌上了一块黑皮头。杨靖宇
说："这双新皮鞋，少说也要十块钱呢，穿在脚上太浪费了。
我们要把钱用在刀刃上。现在国难当头，革命最要紧。但革命
不能光有口号，还要有经费啊，这样才能有更多的武器弹药去
陷阵杀敌啊。"老孟感动地说道："你啊，太奉献自己了。"
杨靖宇听完说："只要祖国需要我，我随时可以奉献自己的一
切。"

　　一年多以后，杨靖宇奉命离开哈尔滨去南满打游击，临走
的前几天他住在姜椿芳家。姜椿芳的老母亲知道杨靖宇要去后
方打游击，就把他的被褥补了又补说道："山里冷啊，我给你
再续点棉花吧？"杨靖宇不慌不忙地说道："谢谢大娘了，但
是不用麻烦了，我不带被褥去，它们还有别的用处呢。""别
的用处？"老太太惊奇地问道："一床被褥除了盖，还能干啥
啊？"杨靖宇微笑着，没有回答。临走时，杨靖宇换上了一身
短裤褂，把身上的长褂和被褥给当了。他把当票交到老太太手
上说："大娘，我把衣服和被褥都当了，凑了些路费，当票先
放在您这了，等我下次来哈尔滨再赎出来。"老太太说："你
这孩子咋这么傻呢？路费我们也可以帮你凑啊。这当票的期限
是一年，到时候记得一定要赎出来啊，不然过了期限就作废了
啊。"杨靖宇说："放心吧大娘，我肯定按时回来。"

很快，一年的期限就到了。老太太去当铺把杨靖宇的长褂和被褥都赎了出来，但怎么等都不见杨靖宇回来取。老太太一直把它们保管到新中国成立以后，才知道杨靖宇早就牺牲了，老太太含泪把这些遗物送到了东北烈士纪念馆。杨靖宇艰苦朴素的生活作风，一直被后世广泛传颂。

5. 改名换姓

杨靖宇原名马尚德，在抗日战争年代，出于保密工作的需要，他曾经多次化名，主要有张贯一、杨占山、杨金志、乃超、元海等。那为什么他最后选择了一直使用"杨靖宇"这个名字呢？这还得从杨靖宇出狱说起。

1931年11月，杨靖宇第二次出狱。杨靖宇任中共哈尔滨市委书记、满洲省委代理军委书记，这期间省委机关的同志对他的称呼是"张大个子"。1932年11月，杨靖宇被派到"南满"巡视工作，改组磐石中心县委，指导"南满"抗日斗争。他首先将报号"五洋"的磐石游击队改编为"中国工农红军"南满"第三十二军游击队"，使这支陷于绝境的队伍又重新扛起抗日的红旗，驰骋于奋勇杀敌的战场，威名远扬，受到"南满"民众的尊敬和爱戴。后来杨靖宇出于稳定部队情绪、巩固群众基础的需要，不仅代理了前任政委的工作，还代理了前任政委的姓氏，改姓杨了，因此，游击队内称他"杨政委"。把他当作"南满的马占山"来尊崇，还褒奖他一个新的名字——"杨占山"。由此，"北有马占山，南有杨占山"之说便在磐石一带传开来了。

马占山，是"九一八"事变后，在东北辽吉两省全部沦陷黑龙江危在旦夕的 1931 年 10 月临危受命，就任黑龙江省代理主席、军事总指挥的抗日英雄。杨靖宇对马占山是有敬有爱也有怜惜，所以当人们给他冠上"杨占山"这个名字时，他敏锐地意识到：现在自己叫什么名字已经不是单纯的个人姓氏符号了，还寄予着东北人民对抗日战争的希望，代表着磐石游击队的整体形象，不能马虎。于是，经过思考，他在游击队领导干部会议上明确表达了自己的意见，向战友们解释他不认同杨占山这个名字的原因："中国人嘛，就是中国大好江山的主人，还占什么山啊？光占山，江河湖海怎么办，就不要了？片面嘛。"人们听了如醍醐灌顶，附和着说："是啊，是，是片面了，应该更大气一些。"于是，有人在会上主张："应该叫占中华！中华国土的主人嘛！"还有人主张："要不咱就干脆叫'占东洋'！把小日本的老巢也一遭端了！""哈哈哈，哈哈哈……"杨靖宇见大伙嚷嚷的有些乱，说道："我郑重地告诉大家，我的志向没二话，就是领着咱们游击队抗日救国，光复中华。小日本的土地我们不稀罕！所以，我看我改这个名，叫杨金志吧，就是抗日救国之志将如真金不怕火炼，不管千难万险，坚决抗日到底志不移！"这一番慷慨陈述，得到大家的一致赞成，遂化名杨金志。不过，当地群众和抗日山林队仍然习惯叫他杨占山，很少叫他杨金志。有一天，参谋长李弘海从门外喊："杨政委，杨政委"时，杨靖宇突然从听觉上意识到朝鲜语的"杨政委"发音与汉语的"杨靖宇"发音非常相近，这个重要发现打开了他的思路，他马上对李弘海说："杨靖宇"，"靖"乃平定之意，如今东北正处在日寇侵略，涂炭百姓的战乱年代，可不是需要共产党人高扬抗日救国、安定宇内的旗帜吗？况且战士们还叫着上口顺拐（当时队内成员近半数是朝鲜族战士）。于是，拍着他的参谋长肩膀说："谢谢你，给我送来一个有意义的名字，以后，我的名字就改叫杨靖宇吧！"李弘海拍巴掌叫好："这个名字实在是好哎，比'杨占山'响亮，比'杨金志'气派，还比俺们的名字有意义！"

抗日英雄
小故事

为了吸取改名"杨金志"不成功的教训，杨靖宇这次改名选择了一个有意义的场合。1933 年 9 月 18 日，在

磐石根据地军民纪念"九一八"事变两周年暨东北人民革命军第一军独立师创建大会上，杨靖宇发表了易名讲演，之后郑重宣布改名为杨靖宇。杨靖宇用行动向世人表达了一代抗日志士献身中华民族解放事业的雄心壮志。

从此，"杨靖宇"这一响亮的名字和东北抗日游击战争一起，历经磨难和挫折，越挫越勇、顽强拼搏，在战斗里成长，在战火中辉煌，在第二次世界反法西斯战争史上留下了精彩的篇章。

四、转战"南满"，旗帜鲜明

1. 初到"南满"

1932 年 11 月，杨靖宇以中共"南满"省委特派员的身份来到南满的磐石，指导当地的共产党开展工作，开始了领导"南满"游击抗日战争的历程。

杨靖宇刚到"南满"就了解到磐石的义勇军与土匪头子常占闹翻了，本来同意抗日的常占，现在反悔了。杨靖宇认为要尽可能联合一切的抗日力量，因此决定亲自去劝说常占。于是第二天一大早，杨靖宇便和同志老刘坐火车来到了常占的地盘——杨筒山镇，稍作休息后，两人就向山里走去。杨靖宇和老刘一边走一边说话，感叹在这荒凉的山林里抗日的不容易。突然，从一棵大树后面跳出几个蒙面的人，用枪指着杨靖宇他们说："别动，举起手来，你们是什么人，到我们黑熊沟来干什么？"杨靖宇回答说："我是来见你们的大当家的。"土匪们听完不由分说地蒙了他们的眼睛将他们押上了山。杨靖宇和老刘在他们的带领下，七拐八拐地走了很久，最后来到了一个院子里。土匪们摘下杨靖宇的眼罩，杨靖宇就看到屋子门口站了一个大汉，这个人就是常占。刚想张嘴说话，就被后面的土匪推着、嚷嚷着让他们跪下。杨靖宇和颜悦色地说道："我以为常占也是位英雄，平日不欺负老百姓，尤其不会欺负中国人，没想到，你们也这么欺负人。"这时常占开口了："好大的口气，你是什么人，来我的地盘想干什么。我是不欺负人，但如果你是日本人的走狗，绝对饶不了你，我管你是不是中国人呢！"杨靖宇一听放下心来，他想："看来常占还是站在抗日队伍这边的，我要尽快表明我的来意，努力争取他一起抗日。"于是，杨靖宇就对常占说："别误会，我是省委派来的巡视员张贯一。"常占看了看杨靖宇说："我凭什么要相信你呢？"杨靖宇苦笑道："如果我真的是日本人的奸细，我早就把日本人引来了，何必自己来送死呢。另外我知道磐石的义勇军有做得不对的地方，还希望我们能尽快消除误会。"常占反复思量，觉得杨靖宇说的话有道理，于是赶紧给杨靖宇松绑，连连说道："真是大水冲了龙王庙，一家人不认识一家人了。"一下子气氛就缓和了，杨靖宇和常占坐下来，开始了促膝长谈。杨靖宇握着常占的手说道："兄弟，让你受委屈了。我们有些同志太年轻，思想觉悟低，对你们有偏见，实在是对不住啊。我已经批评教育过他们了，他们也表示今后会积极配合你们的行动。"常占感动地说："受点委屈不怕，只要能打鬼子就比什么都强。可是我们毕竟不是正规部队，我们打仗有我们的方法，上级不能强迫我们改变方法啊。那样的话这仗我们就没办法打了啊。"杨靖宇说："你说的对，我们党支部已经开过会了，觉得以后作战计划的制订也要结合你们的实际情况，不会再盲目让你们听从指挥了。"常占听了非常满意，杨靖宇马上因势利导地说："谁是朋友，谁是敌人，现在我们最清楚了。今天别说是你绑了我，就是你打了我，我也毫无怨言。因为我是来联合你抗日的，受点委屈我不在乎。所以常占兄弟，让我们团结在一起吧，一起把日本鬼子赶出中国去。"常占激动地站了起来，对着在场的所有兄弟说："兄弟们，都听好了，以后我们还要继续打日本鬼子，共产党说咋干咱们就咋干。""好、好、好"大伙斗志昂扬地呼应着。

很快杨靖宇就辞别了常占，回到了磐石义勇军驻地。之后杨靖宇就将磐石游击队改名为"中国工农红军第三十二军南满游击队"。杨靖宇带领这支队伍在常占的配合下，与磐石当地投降日本人的地主武装和日本军队多次交战，立下了汗马功劳。从此，杨靖宇的名字威震天下。

2. 不计前嫌

"南满"地区虽然被日军占领，但是百姓心中不服，稍微有点势力的胡子土匪，都纷纷组建自己的人马。虽然他们平时无恶不作，但在国家深受危难的时候，他们的爱国意识被唤醒，成了当时对抗日伪军和关东军的重要力量。

杨靖宇到达"南满"后，对当地战争的实际情况进行了详细分析，他决心把这些抗日力量联合起来共同对敌，于是不断地派人与他们联系。当时活动在磐石一带的自发抗日组织有两个，分别由马波和赵富海带领，被当地人称为"马旅"和"赵旅"。他们都是原国民党吉林军，在东北军撤退的时候留下来坚持抗日。1932年杨靖宇刚组建游击队的时候，他们担心杨靖宇的队伍会对他们构成威胁，就在一个夏天的雨夜，突袭了杨靖宇的部队，令毫无准备的杨靖宇腹背受敌。杨靖宇率领队伍奋战了一夜才得以突围，但牺牲了两个同志，损失了十二条步枪。之后在工作总结大会上，大家都觉得这次仗打得窝囊，纷纷请战："政委，让我们去吧，打他们个落花流水，一雪前耻。"杨靖宇想了想说："我们不能用敌人的眼光来看待他们，在抗日战争爆发之前，我们确实分属两个不同的派别，但现在我们共同的目的就是抗日，日本鬼子才是我们的敌人。所以我们一定要积极争取他们，联合他们一起抗日。"大伙听了杨靖宇的分析都觉得很有道理，纷纷表示赞同。1938年8月，"马旅"和"赵旅"在黄家岗子一带伏击日本运货车。他们一早就来到预定地点设伏，临近中午的时候，果然看见两辆日本车，马波心想这次可发了，不经思索大喊了一声："打！"士兵就都冲了出去。但还没等他们靠近汽车，车厢中就探出了十几个枪孔，数挺机枪一齐喷射出子弹，马旅和赵旅的官兵死伤无数。

马波一见中计了，马上下令撤退，但早已来不及了，不知道什么时候四面都被鬼子给包围了。没办法两个旅的人马就以一个小小的山头为掩护开始奋力反抗，突围了好几次都被强大的火力给压了下来，随时有全军覆没的可能。很快，杨靖宇就知道了这个情况，他当机立断决定前去增援。但前几天开会还赞同的同志，现在又不干了，说："他们打死过我们的同志，为什么要去救他们？""就是啊，再说不是我们不救，我们队伍一共也没多少人，那么多日本兵，我们也不一定能打赢啊？"杨靖宇说："我们不能见死不救啊。"随后又立刻把赤卫队组织起来，还向邻近的游击队发出了救援信号，很快就聚集了几百人。而此时，马波这边也打得异常惨烈，赵富海的大腿被子弹穿透了，血流不止，两个旅的人都死伤大半了。日军的包围圈也越来越小，马波急得团团转。正在危急关头，只见一队骑兵奔驰而来，同时四面八方也都响起了枪声，刚才还得意忘形的日军，一下子惊慌失措了，不分方向的开始还击。马波和赵富海看有援军支援，也重新充满了信心，下令狠狠地打。敌人遭到左右夹击，很快就狼狈逃窜了。杨靖宇赶紧冲到赵富海身边，让卫生员快点给他包扎伤口。赵富海拉着杨靖宇的手惭愧地说道："我对不起兄弟们啊，以前我们那样对你们，还打死了两个兄弟，但今天要不是你们来支援，我们早就完了啊！"马波也说："过去是我们做错了，从今以后我们就都是一家人了，如果我马波再有异心，就天打五雷

抗日英雄小故事

轰。"杨靖宇高兴地说道："过去的事情就不提了。只要咱们能团结在一起，把小鬼子赶出中国去，就比什么都强。"

之后，在杨靖宇的努力下，"南满"游击队和马旅、赵旅以及山林队等抗日武装联合起来，成立了抗日联合军，并设立了总司令部，杨靖宇任政治委员。这支队伍在"南满"狠狠地打击了敌人，威震四方。

3. 营　救

杨靖宇在磐石工作期间，将县委所在地设在了生财沟子。一天，杨靖宇突然接到"满洲"省委的紧急通知，要他即刻启程去哈尔滨，参加即将召开的省委扩大会议。

杨靖宇接到通知后决定马上动身，但是却出现了意想不到的情况。吉林特支书记金景被敌人逮捕后叛变，他不但供出了磐石一带抗日组织，还出卖了许多同志。日军调动了大量的兵力在车站、码头等地设岗，进行严格检查。面对严峻的形势，杨靖宇临时改变了策略，放弃了坐火车去哈尔滨的计划，决定步行去哈尔滨。一路上，杨靖宇为了躲避敌人的搜捕，专门走山路，等到实在没有路可走了，他就冒着生命危险在悬崖峭壁旁艰难地前行。几天后终于到达了东北救国军营地，总参谋周保中热情地接待了杨靖宇。吃饭的时候，杨靖宇对周保中说道：

"我马上就离开营地了，哈尔滨的会议不能耽误，我得尽快赶去。"周保中放下碗筷说："这到哈尔滨还有一段距离呢，现在小鬼子到处都设了关卡，查得很紧，你这河南口音很容易暴露你的身份，我们得想个万全的办法啊。"正说着，年轻的通讯员陈翰章就进来了，周保中一拍大腿说："有了，小陈同志长得这么秀气，扮个姑娘肯定没问题。杨政委，你就化装成回乡探亲的新郎官，让小陈化装成新娘子来掩护你。"杨靖宇一听就乐了，说："啊，让个大男人扮新娘，这能行吗？"小陈赶忙说："杨政委，要不我扮一下，你看看如果。"说着就走了出去，不一会就回来了，一进屋，杨靖宇就呆住了，这小陈本就年轻，又长的秀气，白白净净的，再穿上一身花衣服，带个假的大辫子，真活脱脱就是个新娘啊。就这样在周保中的安排下，杨靖宇他们出发了。这对"小夫妻"很快就到达了依兰，和前来接应他们的抗日积极分子陈山和关丽华顺利汇合。陈山和关丽华挑选了两匹好马作为杨靖宇和陈翰章的坐骑，又挑选了十几名经验丰富的猎手，兵分两路，向哈尔滨进发。他们在路过庆安的时候，遇到了一群饥民，里面混进了日伪军探子。探子们拦下了杨靖宇他们，盘查了起来。陈山等人是当地人，并没有引起敌人的怀疑。但杨靖宇的外地口音，让敌人起了疑心，不由分说地就绑了他，就地审问来："说，你是哪儿的人，来东北干什么，为什么不走大路，要走小路？"杨靖宇始终说：

"我就是东北人，自小随父母去了外地，多年没有回来了。如今娶了媳妇回老家来探亲。"敌人见杨靖宇始终不肯说出自己家乡是哪儿，也不肯说自己是干什么的，敌人商量着"宁可错杀一千，也不放过一个"，决定将杨靖宇带回去处死。陈山和关丽华等人看着杨靖宇被带走，焦急万分。经过商议之后，由陈山留下跟踪敌人，关丽华回去找援兵。杨靖宇要被处死的这天正午，关丽华终于带着救兵赶了回来。千钧一发之际，陈山和关丽华带着众兄弟骑着高头大马，采用"马踏营盘"的特殊战术把敌人一个个撞得人仰马翻、四处逃窜。关丽华迅速地来到杨靖宇身边，用刀把他身上的绳索割断，把他扶上了马，杨靖宇骑着马奔驰而去。

看着杨靖宇顺利脱险，陈山和关丽华心里的一块大石头总算落了地。但两个人当时并不知道杨靖宇的真实身份，好多年以后，于九公见到陈山和关丽华时，才告诉他们当年在法场上救的正是赫赫有名的杨靖宇，而男扮女装的正是陈翰章。不可否认的是，正是由于陈山和关丽华的成功营救，才让杨靖宇能够准时达到哈尔滨参加会议，认真学习了会议精神，为今后的抗战又增添了一分力量。

4. 军民一家人

1933 年秋天，杨靖宇从哈尔滨开会回来，将南满游击队改编为东北人民革命军第一军独立第一师。同时，在南满四处开辟游击区，逐步建立了长白山根据地。无论是与根据地老百姓还是战区老百姓的日常接触中，只要有机会，他就会向老百姓宣传中国共产党，宣传抗日，与老百姓建立起了深厚的友谊。

一次，杨靖宇带着部队经过一个小村庄，村里的人老远地看到有部队过来，赶紧往回跑，使劲地敲响了村里的报警钟。村民们听到钟声，个个都像吓破了胆一样，赶紧收拾东西，往山上跑。有一个叫张锡祯的农民跑得慢了点，结果正好和部队碰了个面对面。他吓得扑通就跪在了地上，赶紧说："不要杀我啊，我没钱家里也没粮食，就是个小老百姓。"战士们看他这样先是一怔，之后马上扶起他来说："老乡，我们不是坏人啊，你不用怕我们啊。"张锡祯头也不敢抬的说："老总，我知道你们不是坏人，您就别吓唬我了，放过我吧。"听了这话战士们都笑了："老乡，我们不是什么老总，你抬头看看，我们是革命军啊。"张锡祯一听是革命军心中一喜，他赶紧抬头把战士们从上到下打量了一番，看到他们的军装确实和伪军的不一样，而且好多人的衣服上都是补丁，这顿时让他有了一种亲切感。但张锡祯仍怯怯地问道："啥是革命军啊？"这时候杨靖宇走过来对他说道："老乡，革命军就是咱老百姓的队伍，就是来保护大家不受日伪军和日本鬼子欺负的，我们和你们就是一家人啊。"张锡祯激动地说："真的吗，你们说的都是真的吗？"杨靖宇坚定地说道："都是真的啊，老乡。"张锡祯说："终于把你们盼来了，小鬼子隔三岔五就来村里祸害老百姓，我们都快活不下去了。现在你们来了就好了，我也要和你们一起抗日打鬼子。"杨靖宇说："老乡，我们欢迎你抗日，但是抗日不一定要上战场，你现在要做的就是做好群众工作，让我们没有后顾之忧啊。"张锡祯连连地头，赶紧去山里把大伙给找了回来，大伙一听是革命军来了，个个高兴坏了，赶紧把队伍迎进了村，腾出房子让战士们休息，还把偷偷饲养的猪给抬出来杀了，来慰劳战士们。村里的妇女抢着给战士们缝补衣服，还拿出来了平时都不舍得让自家男人穿的新衣服，送给战士们。而战士们也没闲着，他们两人一组、三人一伙的，到老百姓家中，有的帮着劈柴，有的帮着挑水，还有的帮着修补漏雨的房屋……到了晚上杨靖宇就把老百姓都聚集到一起，耐心地向他们讲解革命军抗日救国的政策，向他们解释红军和鬼子伪军的不同，鼓励他们要团结起来，一起赶走日本鬼子。几天以后，部队接到新的任务，要离开了，村里的老老少少都带着自家的鸡蛋、花生、米面来送他们。一位六十多岁的大娘含泪拉着杨靖宇的手说："再多住几天啊，以后就不知道啥时候再能回来哩。"杨靖宇安慰道："老妈妈，别伤心，把小日本赶出去，我们肯定还会回来的。"老人点头依依不舍地送别了他们。

之后，杨靖宇无论走到哪里，都积极开展群众工作。战士们将老百姓当成自己家人一样对待，老百姓也逐渐知道了革命军是干什么的，最终接受了杨靖宇和他所带领的革命队伍，并且响应号召，积极参加到抗日战斗中来。宝贵的群众力量，成为了杨靖宇在南满开展抗日战争的重要辅助力量。

5. 痛击邵本良

杨靖宇在担任东北人民革命军独立第一师师长兼政委后，第一个死对头就是邵本良。邵本良是有名的大汉奸，原来是土匪头子，他不但枪法准，而且诡计多端。投靠日本人以后，就成了日本鬼子的走狗。

杨靖宇多次率领部队围歼了驻守在东北各地的日军部队，日本侵略者十分震怒，决定派出邵本良这条疯狗来对付杨靖宇。邵本良一接到命令就和日本人吹上了："太君，您放心，杨靖宇就交给我吧，消灭这样的小人物我不费吹灰之力。"别看邵本良这么说，其实他心里还是挺害怕的，因为杨靖宇的名字早就威震四方了。杨靖宇这边知道日本人派出了邵本良来"围剿"自己，就立即召开了作战会议，最后决定用迂回战术打他个措手不及。于是杨靖宇派了一个小队假装向邵本良驻兵的凉水河行进，邵本良接到报告，果然中了计，天天加紧巡逻防备。但此时的杨靖宇早就率领大部队攻破了敌人的战略重镇柳河县。邵本良还在家里纳闷杨靖宇怎么还不进攻的时候，探子从门外慌里慌张地跑进来说："报告，司令，杨靖宇占领了柳河县。"邵本良一下子瘫坐在了椅子上："完了，中了杨靖宇的调虎离山计了。"邵本良稍微平复了一下情绪，就赶紧带病奔赴柳河县，可等邵本良到了，连个人影都没见到。原来杨靖宇攻下柳河镇以后，就立即撤走了，邵本良到了柳河镇的时候，杨靖宇又攻破了防守薄弱的凉水河，邵本良又赶紧返回凉水河去支援。就这样，杨靖宇打下一个地方就立即转移到另外一个地方，邵本良就被杨靖宇牵着鼻子转圈，被拖得筋疲力尽，士兵的怨气很

抗日英雄
杨靖宇

大。邵本良心想："不能这么继续下去了，不然我的兵都要投敌了啊。"于是邵本良想出了一个鬼主意，也打算以声东击西的办法来对付杨靖宇。这一天，杨靖宇正在考虑下一步的作战计划，突然警卫员的一声报告打乱了他的思绪，警卫员说："政委，我们捉到了一个邵本良的送信兵。"杨靖宇接过信仔细地看了起来，这是邵本良写给他手下一个营长的信，下令这个营长要全力抵抗杨靖宇，自己会儿在东边调兵来支持。杨靖宇思索了一会对参谋说："你看看，邵本良又出坏主意了。"参谋接过信看过说："哈哈，邵本良竟然想用我们的战术来欺骗我们，他把我们当傻子了吗？"杨靖宇笑着说："那我们就当回傻子吧，我们将计就计，再打个措手不及。"于是，杨靖宇按照敌人情报中相反的意思，在"重兵把守"的方向进行了攻击，顺利突围成功。邵本良气的咬牙切齿地不停说："杨靖宇，我一定会报这个仇的。"之后的几年里，邵本良多次和日本人联手，对杨靖宇领导的抗日军队进行围剿，但都以失败而告终。在1935年的旱葱沟伏击战中，杨靖宇不仅缴获了邵本良负责运输的大量军用物资，还俘虏了他的大老婆和日伪军军官的老婆。日本人痛骂邵本良是只蠢猪，并把他关进了监狱。1936年，杨靖宇围剿了通化的日军部队，日军震怒，将邵本良放出来重新对付杨靖宇。此时的杨靖宇也接到了上级命令，必须在最短的时间内铲除邵本良这个大汉奸。于是最后的决战很快就打响了。1936年8月3日晚，杨靖宇率领队伍在大弯子设下埋伏。当邵本良的部队经过的时候，有人想去旁边的黄瓜地里解手，发现了地里埋伏着的红军，吓得大惊失色直喊："红军有埋伏，红军有埋伏。"杨靖宇当即发出了战斗指令，邵本良早就是惊弓之鸟了，一听见枪声拔腿就跑了。说来也巧，那天横行"南满"的日本军事顾问英俊志雄也在队伍中，他见势不妙，赶紧抹了很多死人血在自己的身上和脸上，躺在死人堆里，想蒙混过关。但第一军的士兵们作战严谨，而且以前也上过英俊志雄这样的当，所以他们认真地检查每一具尸体。英俊志雄看蒙混不过去，举刀就向战士砍去，最后死在了战士们的枪口下。侥幸逃脱的邵本良，本还想重整旗鼓，但是却不料在回头沟战役中被杨靖宇全歼。日本人失去了对邵本良最后的耐心和信心，把他送进了奉天医院进行软禁，后被日本人毒死。

杨靖宇痛击邵本良的胜利，沉重地打击了敌人的嚣张气焰，极大地鼓舞了抚顺地区人民的抗日决心，也增强了全国抗日战士们的斗志。

6. 暗　杀

杨靖宇领导东北人民革命军第一军在东北所向披靡，令日本人如坐针毡。他们一方面仍调集大批军队对杨靖宇进行"围剿"，另一方面不断派特务、汉奸混入第一军，妄图暗杀杨靖宇。

一天，警卫员抓获了一个形迹可疑的人，将他带到了杨靖宇的军部。这个人一见杨靖宇赶紧从怀里拿出来一封信交到杨靖宇手中说："我是关内派来的和你们取得联系的交通员。"杨靖宇仔细地看过信后，并没有急于和他说什么，而是请他坐下来，和他攀谈了起来："同志啊，你这一路辛苦了。从关内到这走了几天啊？中间都有咱们的哪些同志接应你啊？现在关内的老百姓生活怎么样了啊？"来的人一听杨靖宇的这些问题，马上额头上就渗出了一层汗："这，啊，走了好几天了，好多同志接应我呢，多亏有他们啊。关内老百姓现在都过上好日子了。"杨靖宇听后说："你是自己承认呢，还是让我们说呢。虽然说我们红军优待俘虏，但那是对于坦白从宽人的优待，要是抗拒我们一定从严。"来的那个人还抵赖说："杨政委啊，你这话是什么意思啊，我怎么听不明白啊？"杨靖宇一拍桌子说："别再演戏了，你分明就是敌人派来的奸细，来人啊，既然他

不配合，那就拖出去直接枪毙。"来的人吓得浑身发抖，赶紧承认说："别枪毙我，我说，我是日伪局派来暗杀您的，他们说只要我杀了你，就给我当官。"说完杨靖宇就命人把他带了下去。在场的大伙都很好奇，就赶紧问杨靖宇："杨政委，你真神了，你咋知道他是奸细呢？"杨靖宇说我断定他是奸细有三个根据："第一是他给我信的时候，我发现他的手细皮嫩肉的，不像是整天在外面风吹日晒的交通员；第二是我接过信以后，觉得很奇怪。这信也太新了吧，从关内到咱们这有好几天的路程，信早就应该浸过汗水什么的，不可能这么平整；第三我问了他好多关内的基本情况，他都回答的含含糊糊。所以我断定他不是我们自己人。"杨靖宇说完，大伙都佩服地竖起了大拇指。这件事刚过去没多久，抚松县的特务岳癞爪子又自编自导地上演了一出闹剧。日本人高价悬赏杨靖宇的脑袋，岳癞爪子财迷心窍，竟然枪杀了一个老百姓，把他的人头割下来装在匣子里冒充杨靖宇的人头去日本人那里领赏。他首先去的就是抚松县日伪军部，日伪军竟然信以为真，很快就给日本军部发送了报告。这样杨靖宇被捕、被杀害的消息就在抚松县传开了，大街小巷也都贴着杨靖宇被成功射杀的标语。一时间，伪军个个神气活现，而老百姓们却愁容满面。杨靖宇知道这件事情以后，赶紧派了一个小分队潜入抚松县，在街口、闹事散发传单来揭露敌人的阴谋。老百姓知道杨靖宇没有死，都高兴得手舞足蹈。而日本人这边，本来都打算为成功射杀杨靖宇举行庆功大会了，却发现其实是被岳癞爪子给戏弄了，一气之下杀了他，还把他的脑袋挂在城门口示众。老百姓看了心里暗暗叫好："真是恶人自会有恶报啊！"

在杨靖宇的亲自指挥下，敌人暗杀的阴谋一次次被粉碎了。杨靖宇也不断告诫同志们：日本鬼子和汉奸打不垮我们，就想在我们背后搞鬼，我们要始终提高警惕，多长一双眼睛，不让他们的任何阴谋得逞。

五、英勇抗日，屡建奇功

1. 智取宝兴厚

杨靖宇在东北抗日的时候，宽甸县东部江口镇有一家大的商号叫宝兴厚，主要经营酒坊、油坊、杂货等。宝兴厚的老板仗着财大气粗，在自家院子里修了六个炮台，而且还驻扎了几十名伪警察。平日里他们欺民霸女、鱼肉乡里，还和日本人勾结，杀害了 6 名爱国志士。杨靖宇早就想铲除他们，一直都没有合适的机会。

1936 年的一个晚上，杨靖宇和炊事员们围坐在火堆旁搓玉米粒。他们一边搓一边闲聊着，但杨靖宇总是掏出怀表看时间，炊事员知道他是担心外出买粮食的同志们。九点钟的时候，杨靖宇有点着急了，他和炊事员说道："小朱他们都去一天了，怎么还不回来呢，真是让人担心啊。"刚说完，就听见林子里响起了"沙沙"的脚步声，大家一看正是买粮的小朱等同志回来了。小朱一见杨靖宇说："司令你处分我吧，我没能完成任务啊。"杨靖宇说："具体怎么回事，任务没完成不要紧，可是你们怎么走回来了，马呢？"小朱说："今天我们去买粮食，被宝兴厚的警察给盯上了。我们买好粮食到交通员刘大伯家里汇合，正准备出发时，宝兴厚的几十个警察把我们包围了，在刘大伯的掩护下，我们才得以逃脱，刘大伯却牺牲了。"杨靖宇握紧拳头说："又是这个宝兴厚，真是欺人太甚了，那咱们就新账旧账一起算，非要整治一下它不可。"于是杨靖宇连夜召开了大会商议对策，会上有同志说："宝兴厚设有炮楼，又有警察二十四小时站岗，强攻的可能性不大啊。""是啊。"另一个战士补充道："而且，宝兴厚在闹市，真打起仗来，容易伤到无辜的老百姓啊。"杨靖宇沉默地在屋里走来走去，突然停了下来说："我已经想到办法了，你们都回去睡觉吧，养足精神，明天我们要智取宝兴厚。"第二天临近正午的时候，江口镇上人来人往，忽然附近传来了一阵枪声，紧接着，就看一队"土匪"牵着好多驮着货物的马匹，急匆匆地从镇口走过。不知怎的，一匹马上的货物全都掉了下来，散落了一地的日本人的衣服、帽子、靴子、饼干和罐头等。那些"土匪"也顾不上去捡，只顾逃命。随后就看到一支"日本队伍"追了上来。一下子人群里就炸开了锅："快跑啊，小日本来了。"瞬间，街上就一个人也没有了，只有宝兴厚的老板淡定地站在自家商号门口看着。日本兵很快就收拾好了地上散落的东西，然后进了镇。宝兴厚的老板马上让一个会点日本话的家丁去迎接。走在最前面的大肚子的"日本军官"走进院子，马上踹了家丁一脚说："八格牙鲁，看到土匪为什么不去追。"家丁吓得哆哆嗦嗦地说："刚听到枪响，还没明白过来是怎么回事呢，太君您就来了。""日本军官"抽出刺刀大吼一声："胡说，你的一定是通匪的干活。"家丁这次直接吓得跪地求饶说："太君，我怎么会通匪呢，前几天的'剿共'名单还是我提供的呢。""日本军官"放下刺刀说："统统过来，集合集合。"然后就是一顿训话。训话完毕就看到警察们都去吃饭了，"日本军官"心想机会来了。说来也巧，宝兴厚的老板这时也屁颠屁颠地跑过来说："太君，请赏光在我家吃顿便饭吧。""日本军官"说："你的大大的忠心，士兵的哪里吃，我的看看去。"老板赶紧带他们进了饭堂。"日本军官"看到除了炮楼站岗的剩下的警察都在这里了，他向后面的人使了个眼色，大家突然举起枪对着他们说道："不许动，我们是杨靖宇的队伍，想活命的就乖乖地把枪都交出来。""我们交，我们交。"警察们说着就都把枪扔在了地上。"日本军官"说："好，不错，现在给你们一个戴罪立功的机会，你们两个一组，去把炮台上的人换下来，但请你们别耍花样，我们的人就跟在你们后面，谁不听话就枪毙谁。"于是他们乖乖地上了炮台，炮台上的警察看日本人也跟着来换岗，很是纳闷，但看他们手上都没带武器，也就没多想，就换了去吃饭了。不想一进饭堂就被俘虏了。此时的杨靖宇早就带领部队化装成老百姓在宝兴厚附近等待接应，看到一个"日本军官"从宝兴厚出来，身后的人都喜笑颜开。杨靖宇马上迎上去说："金医官，你这一仗打得真漂亮啊，不费一兵一卒啊。"金医官笑着说："那

抗日英雄
杨靖宇

还多亏了你的妙计啊，让我们扮成日本兵这招还真唬住他们了啊。""哈哈哈、哈哈哈、哈哈哈。"大伙笑得开心极了。

很快，杨靖宇智取宝兴厚的事情就传遍了东北大地。日本人气得直跺脚，而老百姓却都在嘲笑伪军和日本人无能，也使广大人民群众更加相信抗日战争一定会胜利的。

2. 枪杀徐老狗

通化县伪县长徐伟儒，为人诡计多端，而且是个不折不扣的大汉奸，平日里没少帮助日本人鱼肉乡里。老百姓都对他恨之入骨，给他取了一个绰号叫"徐老狗"，人人都希望他能尽快被铲除掉。

1935 年 3 月，杨靖宇率领队伍来到柳河县附近的一个小村庄，一进村，就受到了村民的热情接待。村长带领大伙把自家都舍不得吃的白面、大米都拿出来，还杀鸡宰鹅来犒劳战士们。正当村民和战士们忙得不亦乐乎的时候，一个穿土布棉袄的大娘走进屋，村长一见马上说："王大娘，你咋来了呢，你身体不好，要多在家休息啊。"王大娘说："村长，我没事，我听说杨司令来了，我一定要见见他啊。"杨靖宇赶忙起身说："大娘，我就是杨靖宇，你找我啥事啊？"王大娘一见杨靖宇马上跪下泪流满面地说："杨司令啊，你要替我的儿子申冤啊。"

杨靖宇见状赶忙扶起大娘说："大娘，您快起来，有什么话慢慢和我说，别激动。"王大娘擦了擦眼泪说："我就一个儿子，名叫铁蛋，从小就懂事听话，几年前刚成了亲，还有个可爱的女儿。本来我们一家人生活得好好的，但哪想到，有一天半夜，那个徐老狗突然闯进我们家，硬说我儿子私通土匪，不由分说就要绑了我儿子去见官。我儿子稍微抵抗了几下，他们就动手打我儿子，最后竟然把他打死了。"王大娘说到这里已经哭得说不出话了，一旁的村民也纷纷不平道："徐老狗，平日里坏事做尽，谁家没受他的欺负啊……"此时杨靖宇愤怒地说道："这个徐老狗，真是欺人太甚了，竟然敢平白无故地打死人，大娘，你放心我一定会给你报这个仇的。"没过多久，杨靖宇就接到群众的信息，说是徐老狗接到日本人的命令，要从通化去柳河参加会议，商量讨伐第一军的计划。杨靖宇拍手叫好，决定在半路伏击徐老狗，利用这次机会将徐老狗铲除掉。通过打探，杨靖宇得知了徐老狗出发的确切日期，3月14日，杨靖宇带领人埋伏在驼腰岭公路两边，十点左右，护送徐老狗的汽车队缓缓驶来，杨靖宇说："不要着急，等徐老狗的车过来，听我的命令再行动。"很快护送徐老狗的车就来到战士们的眼皮底下，杨靖宇一声令下："打！"战士们一阵排枪便把汽车司机打死了，其他车上的人看到这样，哪里还顾得上去管徐老狗，一一开着车早跑得没影了。战士们来到车前一搜正好逮到

抗日英雄
杨靖宇

了徐老狗，他早就吓得浑身颤抖、直冒冷汗了，动都动弹不得了。杨靖宇命人将徐老狗从车上架下来，徐老狗双膝跪地颤抖着说："不要杀我，我是县长啊，放了我吧。"杨靖宇问道："你是徐老狗吗？"他回答道："是。""你知道我们是谁吗？""你们是革命军。""你要去柳河干什么？""去开通化和柳河两县的会议，共同商议讨伐第一军的事情。"杨靖宇又问道："你平日里帮助日本人欺压老百姓的事情，你自己都清楚吗？"徐老狗说："杨司令，你就饶了我吧，我也是被日本人给逼的啊。"杨靖宇坚定地说："今天我饶了你，那不知道多少老百姓要继续遭殃了呢！"徐老狗一听瘫坐在了地上。由于已经得知敌人将要讨伐第一军的计划，加上徐老狗年纪大，带着不方便，同时也考虑到广大人民群众迫切要求革命军给他们除害的要求，杨靖宇当机立断决定就地处决徐老狗。

通化、柳河的群众，知道这件事以后都拍手叫好，齐声称赞："杨司令的队伍，不愧是抗日打鬼子的队伍，替我们老百姓做主，还帮助我们老百姓除害。"而那些像徐老狗一样的亲日汉奸们个个惊恐不已，吓得连门都不敢出了。

3. 行军帐篷和密营

杨靖宇领导的抗联第一路军在东北地区打击了日伪军的

嚣张气焰，令他们闻风丧胆，这也让日本军大为恼火。为了彻底消灭第一军，从1936年10月开始，日军开始实行大规模的"归屯并户"，所谓归屯并户就是将分散的老百姓聚集起来，建立一个大村，让他们与革命军断绝联系。

归屯并户给杨靖宇的队伍带来了极大的困难。最主要的就是住宿和吃饭等物资问题。以前，队伍行军打仗，路过村寨往往就借宿在老百姓家中，可现在到处都是无人区，战士们只能在野外露宿。夏天的时候，高温难耐，还要忍受蚊虫的叮咬，常常是一夜睡不好；有时候还会遇上大雨侵袭，全身浇透不说，还容易得病。冬天就更加难熬了，零下几十度寸草不生，冻死人的事情时有发生。杨靖宇看着战士们十分心疼，他下定决心一定要解决战士们的住宿问题。于是没事的时候，大伙就会看见杨靖宇一直用笔在纸上勾勾画画，有时候还会用纸糊一些像屋子一样的东西。但很多天都过去了，却没有做出一个满意的方案，杨靖宇很是着急。一天，从外地背粮回来的一团长来到军部打算向杨靖宇汇报工作，但他进屋就发现杨靖宇看图纸看得入神，他也站在一边看起来。杨靖宇左画几下、右画几下，就是不满意，这时候站在一边的一团长说："司令，你别按照传统的帐篷来设计，你可以尝试看看把帐篷设计成别的形状的。"一团长的一句话点醒了杨靖宇，他恍然大悟说："对啊，我怎么没想到这点呢。"于是，杨靖宇在新思路的指导下，很

快就设计出了一种简易的便携式帐篷。帐篷一做好，杨靖宇就兴高采烈地向战士们讲解起来："这种帐篷是由白旗花布制成，用的时候找四根带丫的木杆，再在中间放个梁，把帐篷布往下一放，把两边的布抻开，之后每一边再横上一根横杆，用石块、泥块、雪块压一下就成了。而且因为帐篷是长方形的，所以可以再顶上开个四方的盖，这样帐篷里就可以生火了，夏天还能通风散热。而且帐篷四面都设计了门，如果遭遇敌人突然袭击，我们就可以尽快撤出。"更重要的是这种帐篷便于携带，不需要太多的工具，这对于常年在野外作战的第一军来说是最重要的。战士们有了住的地方了，但是粮食、衣物和弹药等其他物品的补给却越来越困难，尤其是到了冬季，战士们连点野菜都找不到，经常挨饿。杨靖宇经过深思熟虑，指挥战士们根据东北山区的地形特点，选择地势险要的地方建造密营。所谓密营，就是在人迹罕至的深山里，用木头建成半地下室的房屋，屋内修烟道，有火炕，可以睡人还能做饭。做饭也不用担心冒烟会被敌人发现，因为烟可以从地下的通道散开。同时在密营四周还修建了岗哨、交通沟等场所，确保了第一时间传递信息和撤离。密营的用途也是多种多样的，有的可以专门用来存贮粮食，有的可以当临时医院，有的还可以成为印刷厂……可以说密营对抗日联军具有非常重要的现实意义，每年杨靖宇都会带领队伍进入密营休整，在这里大伙能够休息，还能够学习训练。

从 1936 年到 1938 年，杨靖宇带领第一军共制作了数百顶帐篷和修建了数百处密营。抗联战士们靠着它们，在东北的深山老林里和敌人周旋，牵制和消灭了大批敌人，有力地支援了全国抗战。

4. 长岗之战

大量密营的修建，使得杨靖宇所带领的抗联第一军在战斗中能够迅速抽身躲避，而且不容易被敌人发现。每次和日伪军、日军交战的时候，都像天兵一样从天而降，打得日本鬼子一个个是落花流水，但每次日本鬼子去追击的时候，杨靖宇他们又早就无影无踪了。慢慢地，当地人都称他们为"神兵"。日本人没办法对付杨靖宇，就只能使出惯用的伎俩——调动大量日伪军进行大讨伐。

1938年7月，鬼子抽调来了驻扎在临江的骑兵索旅三二团，在大胡子团长和日本军官的指挥下，开始大讨伐。一路上他们烧杀抢掠，无恶不作。杨靖宇听说大胡子带领部队来讨伐，也下定决心要消灭这些禽兽。有一天，杨靖宇率领第一军来到长岗附近的小堡子屯进行休整，晚上吃过饭杨靖宇就召集杨师长等人召开作战会议，经商讨决定明天攻打小堡子屯西边的屯子。但第二天还没等部队出发，有个老乡跑了报信说："杨司令，我刚才回家听到屋里有人嚷嚷，进屋一看原来是两个伪军来我家要大酱，我们家没有，他们生气地打翻了我家的东西就走了。"杨靖宇一听很紧张地问："老乡，那你知不知道他们去哪了，大概有多少人呢？"老乡说："他们就在长岗庙岭那儿，公路和坡上都是他们的人，到底有多少我也不清楚。"杨靖宇想了想，悄声对老乡耳语了几句，老乡听了说："放心吧，保证完成任务。"之后杨靖宇就让警卫员给老乡端来了一盆酱，还有一把葱，还命令警卫员护送老乡去送酱。很快两个人就看到了伪军，老乡把杨靖宇交代的事情和警卫员说了，警卫员就躲在了不远处的大树后面。这时老乡就冲着伪军大喊："老总啊，我来送大酱来了。"大胡子一听有人送酱高兴坏了，忙出来拿了酱和葱，还夸奖老乡效忠皇军。老乡恭维了大胡子几句，就赶紧往回走。到了大树后，找到警卫员说："杨司令这个送酱的办法真是好啊，敌人的情况我都摸清了，你赶紧回去报告吧。"随后警卫员就悄悄地返回小堡子屯送信去了。

掌握了敌人的具体情况以后，杨靖宇就率领队伍来到了庙岭附近，他发现公路上的敌人毫无防备，有的在吃饭、有的在纳凉、有的在睡觉，连个站岗放哨的都没有。于是杨靖宇当即下令说："杨师长，你带领冲锋队员埋伏在山下，等敌人到了就冲锋缴枪。陈连长你带一队人守住对面的山头，那是长岗唯一的制高点，必须守住。"接着战士们就在杨靖宇的指挥下开始部署，等到下午三点钟，天气不那么热了，伪军也整队要出

抗日英雄
杨靖宇

发的时候，杨靖宇一声令下，暴风骤雨般的枪声立刻响了起来。伪军一听到枪声就乱作了一团，到处乱跑，革命军战士冲了下来，很快就俘虏了大批伪军，还缴获了很多枪支弹药。但对面山头上仍然枪声不断，杨靖宇知道事情不妙，以为是陈连长他们遭到敌人围攻，赶紧派杨师长去救援。没想到，刚才陈连长看见下面打得火热，也想出来帮忙，就擅自违反命令，带人全下来了。现在山头上的都是伪军，而且火力很猛，杨师长在这次冲锋中不幸中弹牺牲了。陈连长知道自己犯了大错误，主动要求戴罪立功，在机枪连的掩护下，冲上了山头，解决了山上的敌人，活捉了大胡子团长。

第二天，杨靖宇和战士们怀着悲痛的心情埋葬了杨师长，后来将罪魁祸首大胡子也就地枪决了，杨靖宇在经验总结大会上说：“杨师长虽然离我们远去了，但是他的精神永远活在我们的心中。同志们也要吸取这次惨痛的教训，时刻谨记有组织、有纪律、遵守命令才是真正团结一致，彻底将小日本赶出中国去。”

5. 岔沟突围

九月，东北已经进入了初秋季节，漫山遍野的美景，但对于隐藏在大山中的抗日联军来说，却没有心情欣赏这美景。因为进入秋季，树叶就会慢慢变黄直至全部落下。那样的话，杨靖宇带领的队伍就失去了遮挡的凭借，一览无余地暴露在敌人面前了。为了避免这样的劣势，杨靖宇决定放弃辛苦建立起来的老龄根据地，向北撤退。由此也就有了东北抗日游击战争史上以少胜多的典型战列——岔沟突围。

1938年9月，日军又一次制定了"剿灭"杨靖宇的作战计划，他们也瞅准了冬季即将到来的有利时机，下令关东军这个冬天必须彻底消灭杨靖宇及其带领的东北抗日联军。日伪当局纠集一万多人，采取"断其粮道，绝其补给，逐渐压缩包围"的战术，集中主力全面"围剿"抗联。杨靖宇带着四百余人与敌人周旋撤退，在行到辑安蚂蚁河上游的时候被日本中川部队发现了踪迹。日本人派来大量飞机，对杨靖宇穷追猛打。虽然抗联在杨靖宇的带领下给敌人多次重创，但杨靖宇心想："现在敌强我弱，再这么耗下去，就会有全军覆灭的可能性。不能再打了，得想办法突围出去。"于是杨靖宇趁夜，带领队伍来到了冰冷的浑江旁。战士们看着不知道深浅的浑江都有些打怵，杨靖宇第一个下水，边往前走边说："我先去试试，看看这江水到底有多深，你们在我后面跟着，一旦有危险就尽快往岸上退。"警卫员喊了一声："大伙跟着走啊。"说着自己也下了水，后面的大部队也跟着哗哗地进入到江水中。战士们在刺骨的江水中，手拉着手，相互鼓励打气，不一会就渡过了浑江。上岸后各个都冷得直打哆嗦，但很快就整队完毕继续向前出发了，不久就到达了临江县外的岔沟。清晨，日军的飞机又一次发现了杨靖宇的部队，他们盘旋在岔沟的上空，开始往地面投传单，警卫员捡起一张交到了杨靖宇的手上，上面写着："杨靖宇，不要再负隅顽抗了，你们已经进入了我们的包围圈了，还是缴械投降吧，我们会把东边道让你来管辖。"杨靖宇看完将传单撕了个粉碎，冷笑着说道："东边道归我们管辖，那你们小日本早就该滚回去了。"看软的不行，恼羞成怒的日本人开始下令部队进攻，杨靖宇指挥抗联迅速占领有利地势，打退了敌人的一次次进攻。虽然敌人没能攻上去，但包围圈却越缩越小，杨靖宇几次想突围却都失败了。战争陷入了僵持阶段，敌人派程斌

出来劝降，程斌对着抗联的战士们喊道："杨司令、各位兄弟们，我是程斌啊，你们不要再抵抗了，我知道你们就几百人，这怎么能打得过我们一万多人呢。只要你们投降，我保证不会伤害你们。"杨靖宇和抗联的战士们听完非常气愤，杨靖宇喊道："无耻的叛徒。"然后一枪就打断了程斌当作掩护的小树。程斌顿时吓得瘫坐在了地上。敌人彻底恼怒了，他们扛来了重机枪，开始多次扫射和进攻，直到黄昏才停止。杨靖宇见有利时机到了，马上召开会议说道："敌人已经筋疲力尽了，现在是我们突围的最佳时机了。我命令全军，现在休整，午夜时分我们开始突围。"之后杨靖宇又和指战员们制定了周密的突围计划，将任务分派了下去。午夜，敌人早已呼呼大睡了，由警卫旅的两个排和机枪连的一个排组成了突击队率先开始行动。他们在黑暗中慢慢接近了火堆旁的敌人，突然敌人察觉到了异动，开始向黑暗中开枪。会日语的抗联战士朴成哲用日语向敌人喊话说："别开枪，都是自己人啊。"日军信以为真，突击队以迅雷不及掩耳之势来到了敌人面前，还没等他们反应过来，就一顿扫射，敌军被打乱。杨靖宇趁机带人冲了上来，撕开了一条突破口，神不知鬼不觉地冲了出去，日军却还在黑暗中乱撞。

敌人煞费苦心，调集重兵对抗联进行的"围剿"就这样被杨靖宇巧妙地粉碎了，岔沟突围也由此成为了抗战史上一次著

名的战役。岔沟突围后，杨靖宇带领抗联的主力部队向北区山

区转移，为日后的战斗保留了有生力量。

六、殊死抵抗，英勇殉国

1. 绝不流亡

岔沟突围后，杨靖宇越发触怒了日本当局，他成为了日军黑名单上第一位的抓捕对象。"努力捕杀'匪首'杨靖宇"等类似的日本治安肃正条例层出不穷。但到1939年秋天，杨靖宇和他带领的抗联依然活跃在东北的各个游击战场上。气急败坏的关东军任命日军少将野副昌德为总司令，调集了七万多日军，目的就是要捕杀杨靖宇。

面对如此严峻的形势，杨靖宇紧急召开了由韩仁和、魏拯民和李兴邵等参加的干部大会。杨靖宇说："现在我们的队伍只剩下几百人了，而日军却调集了七万多人来捕杀我们，我们的处境十分艰难，大家对此有什么看法呢？"参会的领导干部经过讨论都觉得东北临近苏联，可以越境去苏联保存实力。杨靖宇听后皱着眉头沉默了很久说："我不同意，我找你们大家来，是来想办法打鬼子的，不是要撤退的。要走你们走，我是不会离开南满的。"韩仁和说："我们也不愿意去苏联，但是现在的形势很危急，要是不走，我们就可能全军覆灭了。"魏拯民说："共产国际也一直在指导我们，去了苏联他们一定会好好对待我们的。"李兴邵说："走吧，杨司令，有你去大家才有主心骨啊。"杨靖宇一下子站了起来激动地说："你们有没有想过，去苏联同样也十分危险。我们要穿过日军重兵把守的东宁要塞，说不定还没到苏联我们的队伍就都打光了。退一步说，就算是到了苏联，我们肯定要被解除武装，那我们就完全受制于人了。"大家面面相觑，谁也不敢反驳。杨靖宇接着说："我不去苏联，更重要的原因是我舍不得南满，我们多少好兄弟都死在了这片土地上，我们抗联就算打到最后一个人，也不能撤退。"大家都默不作声了，上午的会议就这样结束了。中午大伙都去吃饭了，杨靖宇却一个人坐在外面发呆。魏拯民端着一碗高粱饭递给杨靖宇说："司令吃饭吧，下午还要继续开会呢。"杨靖宇摆摆手说吃不下。于是魏拯民坐在杨靖宇身边说："司令你想过吗，以敌人现在的兵力，我们根本无力抵抗啊。"杨靖宇说："我管不了那么多，从我第一天开始打鬼子的时候，我就发誓就算流干了最后一滴血，我也要坚持下去。你们有没有想过，如果我们去苏联流亡了，那么日军在关外就没有强有力的对手，那么关内的中国军人的负担就更重了。所以不要再劝我了，我是不会离开的，就算剩下我一个人，我也要抗日到底。"下午，魏拯民在大会上说："经过考虑我决定留下来，你们大家带杨司令撤退到苏联，如果杨司令不配合，你们可以采取强制措施，务必要确保杨司令的安全。"杨靖宇一听就急了，指着魏拯民的鼻子说："你凭什么给我做主。"

魏拯民也急了说："我是南满省委书记，我有权做这个决定。"杨靖宇愤怒地说道："我看你们谁敢让我离开，中国千千万万的同胞正在遭受日本人的蹂躏，你们却让我当个缩头乌龟去苏联，我就是死也不会去流亡的。"说着杨靖宇就流下了眼泪，大伙也都跟着哭了。魏拯民说："那就举手表决吧，愿意和杨司令一起留下来的请举手。"大伙齐刷刷地都举起了手，都表示要留下来抗日到底，没有一个人愿意去流亡。

这是一次决定命运的生死抉择，这次会议以后，他们又和杨靖宇一起战斗在南满这片土地上，但可惜的是，没过多久，这群爱国的将士们就都战死了，无一幸免。虽然他们牺牲了，但他们的精神却永存于中华民族每一个儿女的心中。

2. 身陷重围

第二次世界大战爆发后，日本侵略者对东北的殖民统治更为严厉，他们对心腹大患杨靖宇更是极端仇视，关东军司令部甚至张贴布告，以一万元悬赏杨靖宇的人头。而杨靖宇却凭借山林的地势和巧妙的指挥，与敌人频频作战，灵活机动地打击敌人，坚持抗日游击战争。

1940 年 1 月，杨靖宇又与敌人在濛江县交战了，这已经是这三四个月以来的第 150 次交战了。战斗完毕，杨靖宇深刻地感受到部队现在伤亡严重，军需品和粮食也严重不足。为了保存有生力量，杨靖宇经过深思熟虑决定分兵活动。他命令韩仁和带领警卫旅六十多人北上，自己带领剩余的二百多人留在西岗，等待军需处处长全光前来支援，可惜的是，杨靖宇他们等待了二十几天也没有等来。因为在原地不动，还被日本人发现了踪迹，陷入了重重包围之中。日军凭借着精良的装备和人数上的优势，对杨靖宇的部队展开了一次又一次的进攻，杨靖宇和战士们忍受着饥饿和寒冷，靠着顽强的意志打退了敌人的一次次进攻，但也伤亡惨重，几场仗打下来，杨靖宇身边就剩下六十几个人了。但就是这仅有的六十几个人，也在一天天的减少，有的重伤的士兵牺牲了，有的被转移到安全地带疗伤了，还有的禁不住诱惑叛变投敌了，还有些在撤退中走散了，等到杨靖宇到达濛江泊子的时候，就剩下 14 个人了。杨靖宇知道以现在的人数已经不能和敌人硬碰硬了，他只能带着战士们尽量躲避和转移。又走了整整一夜后，开始下起了雪，这让杨靖宇他们都很兴奋，因为雪遮盖了他们的脚印，敌人一时半会儿不会发现他们。杨靖宇高兴地说道："老天爷都在帮我们啊，快走，到前面的树林里，找个隐蔽的地方，大伙好好睡一觉。"战士们欢呼着来到了树林里，在一处山沟里安顿了下来。警卫员黄生发煮了一些苞米汤分给大家，杨靖宇喝完后，就和大伙一起砍了些树枝铺在地上当床铺。杨靖宇连枪都没卸，很快就睡着了。警卫员黄生发和身边的同志说道："司令，这几天太累了，又患了重感冒，我们给他点个火堆吧。"很快大伙就在杨靖宇身旁点了一个火堆，之后也都各自去睡了。等黄生发醒来的时候，看到杨靖宇正坐在火堆下补棉裤。原来，是大家睡得太沉了，没注意到火堆离杨靖宇太近，烧着烧着就把他的棉裤给点着了，结果烧了两个大洞。杨靖宇想找麻绳给缝上，可是洞太大了，缝不上啊。黄发生说："司令，别缝了，这样根本不行，我来想办法。"说着他就撕下了自己棉衣下襟的一部分，递给杨靖宇："司令，补上吧，这回保准没有问题啊。"杨靖宇说："你怎么能撕棉袄呢，这下好了，我的棉裤坏了，

你的棉袄也坏了。"黄生发笑笑说:"这不正好吗,咱们有苦同吃啊。"之后杨靖宇又带大伙在树林里隐藏了四天。一天下午,正要做饭的时候,敌人突然冲了出来,杨靖宇迅速指挥大家撤退。混乱中,黄生发和另一名战士和大家走散了。他们就沿着大概的方向开始寻找杨靖宇和战士们,但是天越来越黑了,雪也越下越大了,脚印已经完全被覆盖了,两个人走得又饿又困,完全辨不清方向了。他们望着莽莽的林海,急得快要哭了。忽然杨靖宇像从天而降般出现在了他们的面前。黄发生激动地说:"司令,咱们总算汇合了,再找不到你,我们就要急死了啊。"杨靖宇和蔼地说道:"没事没事,现在汇合了就好了。"随后杨靖宇带着他们和剩下的同志们汇合了,黄生发数了一下,现在只剩下七名战士了。大伙围坐在篝火旁,杨靖宇指着燃烧的火堆说:"同志们,你们看,这火烧的多旺啊,我们的抗战就像这火一样,虽然我们现在就剩下几个人了,但全中国还有数以万计的人和我们一样,在坚持在斗争。我们再多消灭一个鬼子,多拖住敌人一天,就是对整个抗日战争的贡献啊。"

　　大伙听完杨靖宇的话,都纷纷点头同意。虽然冷风刺骨,但每个人的心中都是暖暖的。在火光的映照下,他们坚毅的脸庞上充满了对革命坚定不移的忠诚和对抗战胜利的憧憬。

3. 生死离别

到了二月，杨靖宇带领仅剩的几名战士继续在密林里躲避行走。但是冬天丛林的遮挡密度太低了，他们几乎是完全暴露在敌人的眼皮子底下。尤其是敌人动用了飞机，杨靖宇他们在地面的行动被看得清清楚楚。有一次敌人又发现了他们的行踪，于是从高空对他们喊话："快投降吧，你们无路可走了，投降了有大米白面吃。"没等敌人说完，战士们就一起开火，几个战士负了重伤，但大家总算是又突围了出来。杨靖宇看着战士们，心里知道生死离别的时刻就要到来了。

突围后又走了一两天，敌人又围了上来了。这次因为占据了有利地势，仗整整打了一个白天，突围后，因为不能生火，所以杨靖宇就带领大伙坐在木头上休息。大伙都很累，但谁也不敢懈怠，怕敌人随时会冲出来。杨靖宇一个人静静地坐着，一言不发。突然他转过身来对警卫员黄生发说："你带着这些受伤的同志顺着来的路回去，想办法联系上陈政委，让他务必来支援我们。我带着两个警卫员继续去找部队。"黄生发一听就不干了："司令，你让别人去吧，我是不会丢下你一个人不管的。"杨靖宇说："这是命令，你必须服从命令。现在都什么时候了，不能耍小孩子的脾气。你熟悉路线，而且能尽快联系到陈政委，这个事情必须你来办。"黄生发看拗不过杨靖宇只好答应了。临走的时候，杨靖宇从衣兜里掏出一块大烟放在黄生发的手里说："这块大烟你带上，要是哪个战士伤口疼得受不了了，就给他吃一块吧。"大伙听了这话，鼻子一酸都哭了。每个人心里都清楚，这次一分开恐怕这辈子都不会再见到了。杨靖宇安慰大家道："都别哭了，赶紧走吧，晚了又被敌人发现了。你们尽早回去通知陈政委，也好尽早来支援我们啊。"黄生发擦了擦眼泪，然后把捡来的一块苞米干粮偷偷交给了一个同志，千叮咛万嘱咐地说："你一定要好好照顾司令，我不能再照顾他了。司令每次总是把吃的留给我们，这次我把这块干粮留给他，你看他什么时候饿了就烤给他吃吧。"之后大家一一和杨靖宇告别，杨靖宇和蔼地说："同志们，你们一定要坚持到最后啊，我们等着你们的好消息。"黄生发他们走了很远，回头看的时候发现杨靖宇还一直站在山头目送他们，战士们又一次泣不成声。

这一次的生死离别，让黄生发心痛不已。他知道杨靖宇是把生的机会留给了自己。后来黄生发一直活到了新中国成立以后，他将杨靖宇的精神也一直传承了下去。

4. 最后的战士

杨靖宇送走黄生发他们以后，自己带着两个警卫员也出发了。在茫茫的大山林里，三个人显得格外的孤立无援。从率领几千人的队伍，到如今身边只剩下了两个警卫员，杨靖宇十分清楚自己现在的处境。"能坚持一刻是一刻的想法"支撑着杨靖宇和两个警卫员继续在雪山里前行。

前面杨靖宇和警卫员三人日夜兼程地寻找大部队，后面叛徒程斌率领他的伪警察大队一路穷追不舍。追赶了几天以后，程斌的队伍也筋疲力尽了，程斌想不明白为什么杨靖宇他们的速度能这么快，几百人的队伍轮流追赶竟然也没能赶上他们呢？其实，杨靖宇他们早就跑不动了，他们已经三天没有吃饭了，完全是靠着意志来奔跑。每当有人跑不动的时候，杨靖宇就会停下来鼓励他说："稍微歇歇，我们继续，就剩我们三个人了，我们谁也不能掉队啊，不掉队我们还有一线生的希望啊。只要我们三个人始终在一起，我相信，我们一定会找到大部队的。"又跑了一上午以后，杨靖宇他们三个人实在是跑不动了，就坐在雪堆上休息。杨靖宇环顾四周，发现他们现在处的地势十分有利，于是决定在此做一次长时间的休整。他对两个警卫员说："你们看，我们现在所处的这个地方正好是高地，如果敌人追赶上来，我们就可以以这个山顶作为掩护。"两个警卫员点点头，杨靖宇继续说道："那现在就抓紧时间休息，如果能赶在敌人到来前，休整完毕，我们就尽早出发，尽量避免和敌人面对面交锋。"三个人随便找了个避风的地方躺下了，虽然疲惫不堪，但谁都睡不着，因为从赶路的紧张中一下子放松了，饥饿感顿时就袭来了。几天没吃一粒米，又一路的奔跑和躲避，三个人早就饿得前胸贴后背了。三个人的肚子咕咕直叫，杨靖宇打趣道："你们看，我们的肚子挺善解人意啊，知道我们三个孤单，这不还给我们伴奏上了。"两个警卫员听后哈哈大笑。突然其中一个警卫员发现了程斌他们正在不远处往这边眺望，马上说："报告司令员，前方发现敌人了，请指示。"杨靖宇马上说道："快到山顶后面去，准备开战。"虽然敌我力量悬殊，但杨靖宇三人借助有利地势，用猛烈的火力打得敌人一时没有办法攻上山顶。交战中杨靖宇被敌人打伤了左臂，在又坚持了几个小时以后，天渐渐黑了下来。杨靖宇的伤势出现了恶化的情况，他无奈之下带领两个警卫员撤退了。程斌带领的几百人队伍，被打的就剩下了五十几个人，但他仍然不死心，竟然继续追赶。因为天黑看不清楚地上的脚印，程斌竟然命令张奚若划亮火柴沿着血迹追踪他们。但就是这样他们还是很快就被杨靖宇甩掉了。虽

抗日英雄
小故事

然杨靖宇他们暂时摆脱了敌人的追击，但此时每个人的体力都到极限了，他们的棉鞋也都破的只能用绳子绑着穿了，而且就算没有敌人的威胁，饥饿也会很快夺去他们的生命的。于是杨靖宇对两个警卫员说："你们去附近的村子里，找老百姓买点吃的吧，如果可能的话再买几双棉鞋，再这么走下去，我们就只能光脚了，你们务必要小心，如果遇到危险情况，就撤退，保命最要紧。"两个警卫员很快就下山来到了村子里，可刚一进村，就被村里的汉奸看到了，他们急忙报告给了伪警察。伪警察迅速带人去包围了他们两个，两人最后都被乱枪打死了，杨靖宇身边仅剩的两名警卫员也牺牲了。

杨靖宇在原地等了几个小时候以后，仍然没有见到警卫员回来，又隐约听到了远处的枪声，他知道警卫员们可能已经牺牲了。他含着眼泪深深地向村子方向鞠了一躬，然后掉头朝濛江方向走去。此时杨靖宇成为了最后一名战士，他怀着悲痛的心情继续走在茫茫雪山里，但无论处境多么艰险，他都始终在心底里暗暗告诉自己："就算战斗到最后一刻，我也一定要坚持到底。"

5. 英勇殉国

杨靖宇的两个警卫员被敌人乱枪打死以后，敌人从他们身上搜出了现金、钢笔、文件等物品，还从其中一个警卫员的上衣口袋中发现了刻着杨靖宇名字的印章。这让敌人惊喜异常，他们断定杨靖宇一定就在附近活动，而且已经断粮到了不能坚持的地步。很快程斌就赶来了，随后大批的日军和日伪军也都赶来了，他们封锁了所有的道路，并且下令所有进山的人都不能带食物，还派伪军乔装成樵夫进山引诱杨靖宇。

　　1940年2月23日，杨靖宇在濛江县城西南方向六公里处一个名叫三道崴子的地方，遇到了四个进山打柴的农民，他们其实就是伪排长赵廷喜、村民孙长春、辛顺礼、迟德顺。杨靖宇见到他们十分高兴，心里觉得自己有一线希望了。杨靖宇拦着他们问道："你们是附近的村民？"赵廷喜说："是啊，你是什么人啊，天这么冷你在这干什么。"杨靖宇说："我是谁不重要，我想问一下现在山下日本兵和日伪军多吗？"孙长春说："到处都是呢，个个都端着枪到处搜查呢。"杨靖宇继续说道："我已经好几天没吃饭了，你们去给我带点吃的上来吧，再给我带双棉鞋。"几个人相互看了看没说话，杨靖宇从衣兜里拿出钱说："你们放心，我有钱，不会赖账的。"四个人答应了他然后就离开了。伪排长赵廷喜刚离开就马上把这个情况报告给了日本人，日本人大喜，带着人朝杨靖宇藏身的地方扑了过来。杨靖宇在原地等了多时也不见那几个农民回来，他的预感告诉他，他可能不安全了。于是他在敌人到达之前就撤离了。狡猾的敌人虽然扑了个空，但是他们却发现了杨靖宇留下的脚印，很快就追了过来。杨靖宇早就跑得筋疲力尽了，他只好躲在一棵大树后面。他决定不跑了，他快速地拔出手枪对着敌人就是几枪，几个敌人应声而倒。日军下令停止进攻，开始向杨靖宇喊话，但杨靖宇回应他们的只有枪声，一会儿工夫又死了不少日本鬼子和日伪军。日军十分气愤，于是形成拱形阵势向杨靖宇步步紧逼。面对数量巨大的敌人，杨靖宇并没有退缩，反而从容应对。冲到面前的敌人都被杨靖宇一次又一次的打退了。杨靖宇边打枪边往后退，敌人一波又一波地冲了上来，而且兵分两路将杨靖宇团团包围住。这时敌人距离杨靖宇只有五十米远了。他们停止了战斗又故技重演，开始向杨靖宇喊话，但杨靖宇的回应依然还是枪声。敌人看劝降无用，最后发动了总进攻。杨靖宇面无惧色，高声喊着："冲啊，冲啊，祖国万岁，第一军万岁！"日本指挥官下令："干掉杨靖宇。"一个机枪手举枪瞄准了杨靖宇，向他一顿扫射，密集的子弹击中了杨靖宇，顷刻之间高大的身躯轰然倒地。

爱国将领杨靖宇就这样牺牲了，人们永远记住了这悲壮的一刻：1940年2月23日下午4点30分。杨靖宇牺牲的时候年仅35岁，他的英雄事迹被后人广泛传颂，他也永远活在我们每个人的心中。

七、叛徒出卖　永远的痛

1. 叛徒程斌

杨靖宇率领的东北抗日联军在异常艰苦、残酷的斗争环境下，与敌人周旋战斗，极大地牵制了日军主力，有力地支援了全国抗日战争。但天妒英才，杨靖宇却因为叛徒的出卖，三十五岁时就牺牲了，他的牺牲是东北抗日联军的损失，更让整个中华民族为之痛心。可以说如果没有叛徒，大智大勇的杨靖宇牺牲不了！

致杨靖宇于死地的第一个叛徒就是程斌。

程斌从小就跟随杨靖宇，两人感情深厚，因为他有文化，所以在战争中往往充当军师的角色，帮助杨靖宇打过不少漂亮仗。他在东北抗联时担任第一军第一师师长，是当时杨靖宇最信任的得力助手。但杨靖宇做梦也没想到程斌竟然会背叛自己。程斌的背叛还要从一个人说起，这个人就是胡国臣。1938年3月，日寇调集主力部队，在军事上对一师进行围剿，在政治上加紧实施"归屯并户"，制造无人区，切断了一师同当地群众的一切联系，一师一时间可以说是内外交迫。就在这关键时刻，师政治部主任胡国臣叛变投敌了。胡国臣叛变后，日本人很是高兴："胡主任，欢迎你的加入，大日本帝国需要你这样的人才，接下来就看你能为大日本帝国如何效力了。"胡国臣一听赶忙点头哈腰地说道："我有办法让杨靖宇的得力助手程斌也归顺皇军。"日本人满意地说道："幺西。"胡国臣继续说道："程斌的老家在伊通，我们可以去抓了他的母亲和兄长当人质，我就不信他不投降。"于是日本人连夜派人赶往伊通，将程母和他的哥哥押来本溪做招降人质。他们将程母和他哥哥的照片印成传单，到处张贴、散发。深为眼前困境所苦恼的程斌，此时更加焦虑起来。一天长岛工作班派叛徒韩永好带程斌的哥哥程恩来到程斌驻地劝降。一见面，程恩劈头就问："你革命、你抗日，还要妈不？"程斌说："不革命、不抗日也得要妈。"程斌见到哥哥以后，心理防线彻底崩溃了。第二天上午，程斌找来六团政委李刺苏和保安连政委李向前，以开会为名试探二李对投敌的态度。两人一听程斌有叛变的意思，马上反对并劝说，无奈程斌去意已决，深恐自己的投降计划受阻，乘二李不备，掏出手枪当场就打死了李刺苏，李向前则带伤跳窗逃走。枪声惊动了战士们，不一会儿大伙就都带着枪赶了过来，程斌骗大家说是李刺苏和李向前叛变了，之后就让大伙散了。轰走战士后，便坐下写信，向日本关东军长岛工作班明确表示自己愿意投降日军，派其心腹何贵有即速下山送到了日军司令部。第二天中午，何贵有带来长岛工作班联系人与程见面会谈。不久，有人来报告说下面来兵了，战士们马上机警地隐蔽到山上。程斌却召集班长以上干部开会。会议开始后程斌说："同志们，我们已经一年多联系不上军长了。现在我们的队伍越打牺牲的同志就越多，但日本兵确实越来越多，这抗日打得真是没有指望了。现在日本人已经将我们全都包围了，我们缺枪少粮，我们该怎么办？"接着边哭边说："我的老母亲和哥哥现在都在日本人手里，我没有办法，我现在要投降日本人了，你们愿意去的可以跟着我，不愿意的我也不强迫，谁要是对我有怨言，随时可以开枪打死我。"这些下级军官从未见过这种阵势，一下子懵了，面面相觑。见半天没人吭声，程斌又说："现在胡部长在长岛工作班当大队长呢，奔他去，投降了一定不杀头，咱们一起去吧。"然后程斌就集合队伍交枪缴械，先后共计 115 人向本溪县碱厂街日本关东军长岛工作班投降。程斌投降以后，第一件事就是带领日军摧毁了抗联的补给生命线——密营，凶狠的程斌将蒙江县境内的 70 多个密营破坏殆尽，一夜之间，杨靖宇将军陷入了弹尽粮绝的境地。可以说，身经百战、善于转移的杨靖宇的部队被打散，杨靖宇被穷追不舍难以脱身，如果没有程斌，鬼子根本做不到。1945 年，日本战败前夕，程斌在枪杀了几个投降的日本俘虏后混入华北野战部队，并且当上了指挥员。

1951 年沈阳的一个雨天，程斌撑着雨伞在街上行走，一个人为避雨躲到他的雨伞下，结果程彬发现，这个人是一个曾叛变的原抗联干部。不知什么原因，两个人分别都去举报了对方，结果在正"肃反"的当年，都被枪毙。程斌——南满抗联历史上官阶最大的叛徒就这样结束了罪恶的一生。

2. 张秀峰叛变

虽然程斌的出卖，让杨靖宇丧失了战斗的主动权，但杨靖宇还是在深山老林里把敌人拖得晕头转向。在将敌人拖得筋疲力尽的同时，杨靖宇的队伍因为没有密营作为掩护，只剩下了几十个人。尽管情势危急，但杨靖宇本人还是有信心的，因为他已经设定了游击和突围的路线。就在这个节骨眼上，一件让杨靖宇意想不到的事情发生了：又出了一个可耻的叛徒！就是杨靖宇的警卫排长张秀峰。张秀峰是一个孤儿，从十五岁起就跟随杨靖宇，是杨靖宇看着长大的。杨靖宇曾经对他说："你是孤儿，没有爹妈，我也没有儿女，你就和我儿子一样。"之后杨靖宇还教他写字、唱歌、吹口琴。但张秀峰却背信弃义，在杨靖宇最需要他支持的时候离去，于 1941 年 2 月 1 日，投降了日军。张秀峰的叛变是致命的，因为他对杨靖宇计划安排的游击、突围路线一清二楚。敌人因此缩小了包围圈，追赶得更加疯狂，直至杨靖宇将军牺牲为止。

杨靖宇在最后的突围中，身边只剩下 7 名战士，而且早就断了粮食，子弹也没剩几发了。偏巧在这时又被崔志武带领的警察大队发现了行踪。于是立即派"程斌挺进队"、"崔胄峰挺进队"、"唐振东挺进队"一起赶来，参与所谓的"最后的围剿"。日本人还专门调来飞机，从上往下盯住杨靖宇。杨靖宇等7人边打边撤，至下午三点仍未摆脱掉敌人。后来，他们占领了一个小高地，狙击跟得最快的"崔胄峰挺进队"和"程斌挺进队"。两队敌人加起来共600来人，而杨靖宇身边只有7个人。"崔胄峰挺进队"的队副日本人伊滕用中文向杨喊话，催其投降。杨靖宇回答："好吧，条件是马上停止射击，你一个人上来吧。"鬼子伊滕信以为真，边说话边向杨靖宇走过来，杨靖宇"啪啪"两枪，伊滕应声倒地。叛徒崔胄峰看见日本主子被撂倒，怕在日军面前自己的脑袋难保，就领着四五个伪军猛地跳起，叫骂着朝靖宇将军隐蔽的地方扑来，杨将军又是两枪，崔胄峰立时左腿骨被击断。夜间，一场激战后，只剩下6人，而且有4人负伤。杨靖宇将军命令负伤的警卫员黄生发带3个伤员突围北去，自己率两名警卫员继续南下。尽管敌人拼死跟踪，甚至在雪地里用一根根划火柴的方法寻找足印，但是最后还是失去了目标。杨靖宇带着身边仅剩的两个警卫员，继续和敌人周旋。后来两个警卫员下山寻找食物，被告发后与敌人激战，英勇牺牲。敌人从他们身上搜出杨靖宇的印章，断定他就在附近，于是调集600多人的讨伐队进山围剿，并且不允许打柴的百姓带午饭进山，让杨靖宇得不到任何食物，杨靖宇被逼的离死亡越来越近了。

毫无疑问将杨靖宇逼上绝路的人正是叛徒张秀峰，但遗憾的是，在抗战胜利以后，并没有直接的证据证明他叛变和杀害了杨靖宇，加之他自己坚称杨靖宇是自杀的，所以只是蹲了几年大牢就被释放了。到了20世纪80年代，事实调查清楚以后，也过了追诉期，所以张秀峰一直没有受到应有的惩罚，他成为了国人心中永远的痛恨对象。

3. 枪毙赵廷喜

还有一个致杨靖宇于死地的叛徒就是我们前面已经提到过的伪排长赵廷喜。两个警卫员牺牲后，杨靖宇只能一人孤身奋战了，但纵使杨靖宇有惊人的毅力和顽强的意志，他毕竟也是血肉之躯，怎么能够长时间抵挡寒冷和饥饿呢？长期在东北深山中和敌人作战奔波，没有了密营的物资供给，杨靖宇脚上的棉鞋早就破烂不堪了，两只脚全都生了冻疮，身上也仅剩一件薄薄的棉衣了。同时更加严峻的问题是即使能够躲过敌人的追捕，但是不暴露也会在冰天雪地中冻饿而死。于是杨靖宇做出了选择，他决定向老百姓买食物，来争取最后的一线希望。

就这样杨靖宇在濛江县保安村以西五里的山里等到了四

个砍柴的村民是：伪排长赵廷喜，村民孙长春、辛顺礼、迟德顺。杨靖宇恳求地说道："老乡们，我已经很久没吃过东西了，麻烦你们回去给我带点食物来，还请帮我带一双棉鞋，我一定会多给你们钱的。"伪排长赵廷喜心中清楚这个站在自己面前的人就是杨靖宇，他按捺住心中的喜悦，不动神色地劝说道："我看你还是投降吧，如今满洲国对投降的人不杀头的。"杨靖宇平静地说："我是中国人哪，不能做这样的事情。如果我们中国人都投降了，咱们中国就完了。要对的起自己的良心。"赵廷喜答应回去给他弄点粮食，然后和杨靖宇分手。

很快赵廷喜就将此事报告给了日本警佐西谷。西谷闻讯立即让赵廷喜带领自己和大批日伪军去围捕杨靖宇。而此时的杨靖宇满心盼着村民给自己买来吃食，好继续战斗，可他却听到了汽车引擎的声音，他知道事情不好，赶紧离开地窝棚，向山上跑去。可是杨靖宇哪里还有太多的力气呢？当时日伪政府的档案对这最后的时刻有着翔实的记录：杨靖宇已经饿了好几天肚子，但是跑的速度却很快。两手摆动超过头顶，大腿的姿势像鸵鸟一样。但是跑着跑着速度就慢了下来，很明显跑不动了，最后在河边的一棵树下躲了起来。当西谷发现饥寒交迫、伤病缠身的杨靖宇时，并没有马上下令开枪，而是向杨靖宇喊话："杨司令，我们知道你受伤了，也很需要食物，只要你能给大日本帝国效力，我们决定不会亏待你的，为了你的安全，也请不要抵抗了。"然而回答他的喊话的只有手枪的射击声。

杨靖宇打了一阵子后就筋疲力尽了，他心想："我撑不了太久了，我要尽快把我身上带的机密文件都销毁，决不能落到敌人的手中。"想到这里，杨靖宇果断地点火烧毁了所有的文件。之后杨靖宇松了一口气，厉声向对面的敌人喝问："谁是抗联投降的，滚出来我有话说！"几个叛徒吓得龟缩在一旁，不敢吭声。敌人最后的攻击开始了，杨靖宇在打倒数名日本兵后，最后胸部中弹，轰然倒下，一代抗日英豪就此壮烈殉国！

虽然西谷等人已经看到杨靖宇倒下了，但因为平日里就害怕杨靖宇，所以没人敢靠近。直到程斌赶来，确认杨靖宇死后，大家才纷纷上前。但西谷等人没有胜利的喜悦，他们看到穿得破破烂烂、满身伤口的杨靖宇，都呜呜地哭了起来。

而赵廷喜告密杨靖宇后，日本人奖励给他 30 元钱。第二天，保安村警察署的警察们就找上门来，说："你老赵告密杨靖宇有功，发了大财，别独吞了，给咱们打点酒喝。"赵廷喜赶紧好酒好肉的招待着，但实际上警察署的人是来泄愤的，他们喝了酒就骂赵廷喜，百般侮辱他，而且隔三岔五就要这么来上一回。赵廷喜在保安村实在待不下去，只好远走他乡到柳河藏身，六年之后偷偷回濛江捡蘑菇，让老百姓发现，二话没说扭送政府处决。1946 年人民政府在杨靖宇的坟前将赵廷喜枪毙。

4. 可耻的张奚若

还有一位致杨靖宇将军于死地的叛徒，他就是张奚若。张奚若原本是一军一师的机枪射手，后跟随程斌一起叛变。1940年1月9日错草顶子战斗中，他被杨靖宇一枪打中受伤，送到沈阳治疗一个多月。伤好后，他返回蒙江县，刚巧碰到了自己的把兄弟副射手白万仁、弹药手王佐华。这个被人称之为"铁三角"的战斗小组聚集到了一起，可能张奚若自己当时也不会想到，这次偶然的相聚，竟使他成为了杀害杨靖宇将军的罪魁祸首之一。

当时西谷接到张廷喜的报告，马上决定派兵讨伐，张奚若和白万仁、王佐华被编为第一批快速挺进队，挨在西谷身边。当敌人向杨靖宇喊降不奏效时，西谷就命令张奚若说："开枪干掉他，务必要一枪毙命。"张奚若随即扣动扳机，英雄杨靖宇倒在那棵树前的雪地上。当时杨靖宇身上还有三支手枪270发子弹和6600元钱，如果不击中杨靖宇，当时600人被拖成50人的敌人，能否抓得住英雄，还真不好说。

当天晚，张奚若坐在首席上向人们炫耀说："正当杨靖宇抬起腿将要跑的一刹那，我一个点射，齐刷刷地都给他点在胸口上了……"说者无心，听者有意。突然间酒桌冷了场。张秀峰端着酒杯，隔桌过来往张奚若面前蹚，沉闷地骂了声："混蛋！不得好死！"张秀峰虽然出卖了杨靖宇，但他在内心里并不想真的致杨靖宇于死地，他还是十分敬佩杨靖宇的。庆功宴也就这样不欢而散了。第二天一早，程大队接到命令，说是要将杨靖宇的头颅送抵"新京"（长春市）。于是，由谁来执刀就成了件很重要的问题。程斌叫张秀峰干，可是张秀峰说："这可是人家老张的头功，咱可不敢抢，还是让张奚若自己来吧！"程斌就点名让张奚若干。张奚若和白万仁、王佐华是把兄弟，关系铁，一点张奚若的名，自然跑不了白万仁和王佐华。这样，由白万仁执铡刀、王佐华抱着杨靖宇的头，张奚若抱着杨靖宇的腿，抬到铡刀上，白万仁一刀将杨靖宇的头铡了下来。

张奚若在"讨伐"队里的日子，自从那天在酒桌上冷场以后，就没大有人搭理他，表面上虽然不说出口，可都在暗中较着劲。百姓的憎恨、队友的疏远令张奚若慢慢失去了人心。他也深知自己罪孽深重，所以平时也不太出门了。尤其是在抗战胜利后，他坐了两年牢，之后就在家中几乎不出门了。虽然张奚若没有受到应有的惩处，令人十分遗憾，但他后半辈子一直一个人过着人不人、鬼不鬼的日子，也算是遭到了上天的惩罚。

八、头颅回归 告慰英灵

1. 头颅回归记

1948 年 10 月，围困长春的战斗到了决定性阶段。城内 10 万敌军被我人民解放军打击和围困达 7 个月之久。我军围困长春后，中共中央东北局立即指示打入城内的松江军区地下工作者杜文学等人，在孤城内秘密开展寻找杨靖宇将军头颅的工作。经过多方打探、寻找，地下小组成员刘亚光查到了杨靖宇将军头颅的下落：长春医学院。而当时的长春医学院被国民党军队占领，于是组织上果断联系了国民党军官王明玉，经他介绍，刘亚光打入了该卫生队，当了中尉军医官。打入敌人内部的刘亚光多次寻找杨靖宇将军头颅，均无结果。一次偶然的机会，他发现教室里还有一个十分隐秘的侧室，侧室里有两个大型标本罐里分别装着一颗人头，并用福尔马林浸泡封闭。两个标本罐上还贴有纸条，一个写着杨靖宇，一个写着三江好 (即陈翰章)。刘亚光十分激动，但为了不惊动敌人，刘亚光当时没有拿走头颅，而是悄悄返回卫生队，将这一重大发现上报了党组织。随即地下党人制定了周密的计划。首先让刘亚光和负责看守医疗器械室的警察曹如超打得火热，知道他家经常断粮后，还多次给他送粮。有一晚，曹如超哭哭啼啼地找到刘亚光说：

"大哥，你救救我全家吧，父母都快被饿死了啊。"刘亚光安慰他说："咱们都是本城人，我想想招儿，一个小时后我再找你。"刘亚光找到地下党员将这一重要情况做了汇报。地下党人果断地指示："门的钥匙有人已配好，今晚给曹如超送点儿小米。让他马上送回家，我们就说来买医疗器械，然后趁机动手。"当晚10点钟。曹如超坐在脏乱的小屋里闷头抽烟。这时，我地下小组成员经恩浦大夫拎着7斤高粱米匆匆赶来，一进屋就说："曹二哥，我听说你家断顿了，我家还剩下一点儿高粱米，拿去吃吧，快送回去吧！"曹如超眼泪汪汪地说："经大夫，你这是救命粮呀，我家的人都快饿死了。"说完，曹如超背起米就朝家跑。这时，我地下小组成员雇的车辆已经停在了医学院的门口，他们以到医学院拉医疗器械为名，在混乱中，趁机将装着杨靖宇和陈翰章两位烈士遗首的玻璃罐装入车中，用一些旧纱布覆盖在上面。随后，两位烈士的遗首被运到卫生队前厅。直到第三天上午，有人才发现有几样东西和两个大玻璃瓶子不见了，立即报告给项乃光，项听后暴跳如雷，在全城大搜查，仍是一无所获。直到长春解放，敌人也没有弄清杨靖宇和陈翰章的头颅是怎样丢失的。长春解放的第二天，两位将军遗首被迎入亚光医院，安放4天后，即由李广德等同志送到松花江军区前线指挥部驻长春办事处。后来，杨靖宇和陈翰章两位民族英雄的头颅，由军官张羽率5名战士，乘专列秘密护

抗日英雄
杨靖宇

送到哈尔滨，安放在东北烈士纪念馆，

为纪念杨靖宇将军英勇、光辉的一生。1946 年，中共中央决定将杨靖宇牺牲的濛江县改名为靖宇县。1949 年，郭沫若为杨靖宇题词为："头颅可断腹可剖。烈忾难消志不磨，碧血青万两千古，于今赤旗满山河。"

2. 自杀的误传

杨靖宇的牺牲在当地群众中反响很大，"杨靖宇仅剩最后一颗子弹自杀"的说法也很符合杨将军在群众心目中的形象。从此自杀一说传开，并且流传了几十年，所有历史文献都采用了，几乎没有人质疑过。

随着日伪资料《阵中日志》的面世，杨靖宇牺牲的真正原因逐渐明朗起来。《阵中日志》用现场图片告诉人们杨靖宇不是"自刭的"，而是被敌人用机枪射杀的事实。究竟谁是杀害杨靖宇凶手的问题才被提上日程。那么究竟是谁枪杀了杨靖宇的呢？为了查明真相，靖宇县史志办找到了叛变投敌的张秀峰，据张秀峰说："杨靖宇是张奚若打死的，这个绝对没有错。光复时，程大队解散以后，大家都回家了，他还跟着程斌没有走，不知道现在在哪？"从张秀峰那里得到张奚若的线索后，南上北下，有关人员认真排查、细心采访，前后历时两年有余，始见端倪，也证明了杨靖宇确实被张奚若所杀。"肃反"运动开始后，已在梅河口安家落户的张奚若听到"风声不好"，便找到同在梅河口的王佐华订立同盟，告诉王佐华："不管什么时候千万不能说出我开枪杀了杨靖宇的事，万一有人揭出来，就由你扛着，你的老母亲我给你养，牢饭我给你送。我拉家带口的一大家子牵扯多，我要像你光棍一条，就顶着你去死。"当时王佐华也很义气地答应下来。不久，王佐华入狱，在狱中一直坚持"杨靖宇是自刎的"。张奚若也果真给王佐华送了一次东西，为其老母送了一次柴火和钱。可风声紧起来后，张奚若搬家至柳河县三源浦躲了起来，拒不承认杀害了杨靖宇。1958 年，白万仁入狱，与王佐华在镇赉劳改农场相见，两人经过交谈后，才意识到都被张奚若"蒙混"了。直到 1965 年，王佐华在监狱开展立功赎罪活动中，才揭发了张奚若是杀害杨靖宇凶手的事实，最后病死在监狱。可谓当叛徒做人不成人，做鬼难成鬼！

"文革"后多年，在柳河县三源浦镇刘家大队二队队部后院那幢农家小院里，当有人问起关于杨靖宇的事时，张奚若阴沉着脸，拒不承认自己参加过抗联，也没打死过"老杨"，"打老杨那天我不在场，到沈阳养伤去了，是白万仁他们打的"等。当拿着《阵中日志》中的相关照片给张奚若看时，张奚若尤其敏感，对着照片中的自己和程斌等人，张奚若仍连连摆手：

"上面的人是谁？我都不认识，中国人长得像的多了，让日本人看中国人长的还都一样呢。"许多老抗联对此也都非常愤慨，杨靖宇的警卫员黄生发当年曾力主将杀害杨靖宇的凶手送上法庭，少年铁血队指导员王传圣也赞成这一主张，但经过法律咨询，据说一是早已过了追诉期，二是拿不出有效的证据，事情就不了了之了。

风雨沧桑，岁月如磐。逝者已逝，无论杨靖宇将军如何牺牲，他捍卫民族尊严、保家卫国的精神不灭，历史不会忘记，人民更不会忘记，让我们永远缅怀这位人民英雄。

九、三次下葬 英雄安息

第一次葬蒙江县。1940 年 2 月 23 日农历正月十四，杨靖宇孤身一人，在蒙江县城保安村的三道崴子与日伪军交战 20 分钟后，身中数弹英勇牺牲。敌人将杨靖宇的遗体运到县城，经叛徒张秀峰确认杨靖宇无误后，残忍地将杨靖宇的头颅用铡刀铡下。对于杨靖宇将军的英勇和顽强，日军颇感惶惑：杨靖宇自被陷入重重包围之中以来，被切断食物来源。这些天他究竟怎么生存？为解疑惑，他们命令蒙江县城民众医院的医生解剖检查，看他的胃肠里究竟有什么。敌人在英雄的胃里见到的只有不能消化的草根和棉絮，在场的中国护士禁不住流下热泪，岸谷隆一郎这个双手沾满中国人民鲜血的刽子手听完报告，"默默无语，一天之内，苍老了许多。"而靖宇将军的遗体，被弃于保安村荒冢间，用积雪掩埋。事过 7 天，伪蒙江县警务科长王士洪和伪警察大队长桑文海，突然接到省城打来的电话。岸谷隆一郎在电话里急问：杨司令的尸体在何处？接着又责成他们：快快地找出来，找人做个假头安上，隆重举行"慰灵祭"。岸谷又接着说，这 7 天里，满洲南地区讨伐司令官野副昌德将军夜夜做噩梦，睡不安枕，总是梦见杨司令伸只大手跟他要头，醒来总是头痛。所以要快给杨司令刻个假头，用棺椁盛殓，叫

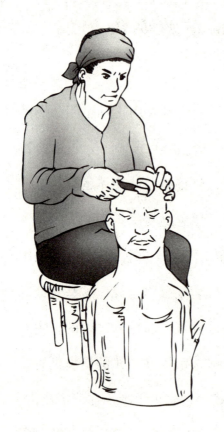

全县村长以上官吏都来参加"慰灵"仪式。伪蒙江县警察、伪官吏接到命令后，找到县城最有名望的蔡木匠和贾木匠，一夜之间雕刻好了杨靖宇的头颅，并用榆木做了一个八尺长、一尺多宽的碑，请县里写毛笔字最好的李咸阳老先生执笔，正面大字楷书"杨靖宇之墓"，背面署名"岸古隆一郎"，边款小字为"康德七年三月五日立"。伪街公所准备了上等寿材，又请来一位日本僧人。又派弃尸的士兵刨开雪堆，抬回杨靖宇将军的尸体。这一切准备工作就绪后，岸古隆一郎亲自为杨靖宇主祭安葬。安葬仪式按日本习俗，在木碑前横拉着两头细中间粗的草绳，上面挂着白色的纸条，焚香供酒，日本僧人礼拜念经。但当时不论在场或不在场的蒙江老百姓却是以此为祭台，默默地真心悼念我们的抗日民族英雄。

第二次葬保安村。杨靖宇将军牺牲 5 年后，1945 年 8 月 15 日日本帝国主义宣布无条件投降。10 月下旬，共产党领导的东北民主联军在蒙江县建立了民主政府。新政府成立后，立即筹备为杨靖宇将军重新安葬。修墓经费解决后，便开始备料、选择墓地、买棺木，这些准备工作在一个月内便完成了。李咸阳老先生在磨好的石碑上用工整的楷书书写了碑文。石碑正面镌刻"抗日民族英雄杨靖宇将军之墓"13个大字，下款书写着"靖宇县民主政府暨靖宇县各界人民同立"，背面镌刻着杨靖宇将军传略。杨靖宇将军的陵墓修建在保安村西北的一个平岗上。青砖砌成的墓室，前面横额上写着"抗日民族英雄杨靖宇将军英名千古"。墓室里安放着棺木，棺木前的供桌上摆放着杨靖宇将军放大的头像照片。墓室周围砌起青砖花格围墙，墓室门前矗立着杨靖宇将军的墓碑。

第三次葬通化市。1952年，中国人民志愿军归国代表团在哈尔滨瞻仰"东北烈士纪念馆"之后，提出"于抗日联军主要活动地区修建杨靖宇将军墓"的建议，由松江省政府主席冯仲云代拟报告，经东北人民政府批准并于同年6月24日用公函通知当时辽东省人民政府："决定在通化市修建靖宇墓"。工程从1954年7月施工到1957年秋竣工。全市的机关干部、企业职工、中小学生都积极参加了土建的义务劳动。1957年7月15日，朱德委员长为杨靖宇烈士题词："人民英雄杨靖宇同志永垂不朽"。8月下旬，杨靖宇遗骨由靖宇县移至通化市，用石膏为将军遗骨塑形后，等待迎归遗首进行安葬。

1957年9月25日，黑龙江省暨哈尔滨市党政军民在东北纪念馆礼堂举行了隆重的恭送杨靖宇将军遗首大会。送灵途中，沿路行人均自动站立肃穆致敬。运送将军遗首的列车到达通化后，通化市党政军民在新通化火车站举行了隆重的将军遗首迎归仪式。各地代表瞻仰杨靖宇将军遗容，举行杨靖宇遗体安葬仪式。在庄严的国际歌声中，将杨靖宇的遗首与遗骨合葬于青松翠柏的陵墓之中。

十、牺牲多年 家人方知

当年，杨靖宇在女儿出生不久后，就离开了河南，来到东北参加抗日斗争。从那以后，他的母亲、妻子和儿女再也没有见到过他。杨靖宇离开后，他的妻子郭莲就撑起了这个家，带着年迈的婆婆和年幼的儿女艰难度日。

杨靖宇在东北名声大振后，敌人抓不到杨靖宇就把这些怨气都发泄在了他家人的身上。他们经常到杨靖宇家去，打骂杨靖宇的妻子和母亲，逼问他们说出杨靖宇的住处。郭莲为了保护婆婆和孩子，经常带着一家人去野外躲藏，一家人常常是吃了上顿没有下顿。即便在这样的生活状况下，杨靖宇的母亲也从来没有在心里抱怨过一句，她始终坚信："我的儿子是去干大事了，他是在为全中国的老百姓打仗，我就是饿死、被打死也绝不会给他拖后腿的。"1938年，杨靖宇的母亲又一次遭到了敌人的毒打，之后就病倒了，这次她再没有起来。临终前她拉着郭莲的手说："媳妇啊，我知道这些年委屈你了，但你一定要支持顺清啊，一定要等他回来啊。"郭莲哭着点头说："妈，您放心吧。"安葬完婆婆，郭莲坚强地继续生活下去，为了让孩子吃上一口饱饭，她帮人洗衣服、给人做针线活，在闹饥荒的年月里，她甚至捡过破烂，还要过饭。每当快扛不住

抗日英雄
杨靖宇

的时候，她就拿出杨靖宇的照片，暗自流泪。她怕时间长了孩子们会忘记自己的父亲，于是就把杨靖宇的照片缝在了女儿的棉袄里，叮嘱孩子们说："这是你们的爸爸，好好看看，要记住了。等哪天把小日本都赶走了，你们的爸爸就回来了。"1944年，郭莲遭到了鬼子汉奸的又一次毒打，头上被打出了一个鸡蛋大的洞，因为没钱看病，很快就离开了人世，只剩下马从云和马锦云这两个孩子相依为命。1949年，杨靖宇的家乡确山县城不时有解放军的大部队经过，马家兄妹认为在这些部队里一定会有他们日思夜想的父亲。但他们只知道自己的父亲叫马尚德，根本不知道父亲因为革命需要早就改名为杨靖宇了。他们每天都到县城的大街上，看到过往匆匆的战士们就跑上前去问："同志，你认不认识我的父亲啊，他叫马尚德。"战士们都只能摇摇头，因为马尚德这个名字对他们来说太陌生了，兄妹两人。直到1952年的夏天，这天中午马从云像往常一样正坐在家里吃饭，突然门口来了几辆小汽车，从上面下来的正是当时的黑龙江省副省长冯仲云，他把马从云从上到下仔细打量了一番，激动地说道："找到了，终于找到了，他就是杨靖宇将军的儿子啊。他和杨靖宇将军简直是一个模子里刻出来的一样。"马从云一下子就懵了，完全不知道怎么回事。冯仲云说："从云，我们找了你很久了，你的父亲离开确山到南满后，为了工作的需要已经改名为杨靖宇了。""杨靖宇？"马从云大吃一惊，他没想到自己日日夜思念的父亲竟然是鼎鼎大名的杨靖宇。冯仲云拉着马从云的手说："你的父亲是我们国家的英雄啊，他带领东北抗联战斗到了最后一刻，1940 年在长白山的密林里，你的父亲忍受着饥饿、寒冷，在一个人的情况下还打死了好几十个日本兵。可惜，最后寡不敌众，光荣牺牲了，尸体被日本人带走，最后被割去了头颅。"马从云听到这里痛哭流涕。一年多以后，在政府的安排下，马从云带着妻子方绣云和三岁的儿子登上了北上的火车，他们是去参加哈尔滨东北烈士纪念馆开馆仪式的。在纪念馆，他们终于见到了自己的父亲杨靖宇，不过那是装进一只玻璃瓶子中的头颅标本。马从云和妻子跪倒在父亲的遗骸前痛哭失声。

　　5 年后一个大雪纷飞的冬天，马从云又一次来到东北，这次他没有去哈尔滨，而是来到了父亲最后牺牲的地方——吉林通化。站在这片土地上，马从云热泪盈眶，他在心里暗暗发誓："放心吧，父亲，您的儿子不会给您丢脸的。"马从云说到做到，在后来的工作和生活中，他始终不需要特殊照顾，并且乐于奉献自我。1964 年 8 月，马从云因公牺牲了，他像自己的父亲一样为国家、为人民奉献了自己的一切，让每一个中华儿女永远铭记于心。

十一、诗赋才气　永传千古

　　杨靖宇将军不仅是一位出色的军事家，指挥东北抗日联军在白山黑水间纵横驰骋，令日本帝国主义闻风丧胆，而且还是位出色的文学家，曾创作过许多脍炙人口的文学作品。但因为当时受到战争环境的制约，所以杨靖宇不可能有大段时间来安心创作多种形式的文学作品，他的文学创作多是鼓士气、壮军威的军歌。其中，以《西征胜利歌》和《东北抗日联军第一路军军歌》两首最为有名。

　　1936年，杨靖宇为了同北上抗日的红军取得联系，派部队进行了第一次西征。这次西征虽然没有成功，但是也取得了一些战绩。为了鼓舞士气，将军创作了《西征胜利歌》这首歌曲。歌词是：红旗招展枪刀闪烁，我军向西征；大军浩荡人人英勇，日匪心胆惊。纪律严明到处宣传，群众俱欢迎，创造新区号召人民，为祖国战争！中国红军已到热河，眼看到奉天，西征大军夹击日匪，赶快来会面。日匪国内党派横争，革命风潮展，对美对俄四面楚歌，日匪死不远！紧握枪刀向前猛进，同志齐踊跃，歼灭日匪金田全队，我军战斗好。摩天高岭一场大战，惊碎敌人胆，盔甲枪弹胜利缴获，齐奏凯歌还！同志快来高高举起胜利的红旗，拼着热血势必打倒日本帝国主义。铁

抗日英雄小故事

骑纵横满洲境内已有十大军，万众蜂起勇敢杀敌祖国收复矣！歌曲有力地鼓舞了抗联战士们的士气，让他们对以后的战斗胜利更加充满了信心。

1938 年 6 月 1 日，老岭高干会议结束后，正式成立了第 1 路军总司令部。当晚，杨靖宇豪情万丈，在集安五道沟密营提笔创作了著名的《东北抗日联军第一路军军歌》。

歌词分五段：首段开宗明义"我们是东北抗日联合军，创造出联合军的第一路军，乒乒地冲锋杀敌缴械声，那就是我们胜利的铁证。"第二段则言明抗联军纪，指出只有铁的纪律，才能锻造出"无敌的铁军"。"正确的革命信条应遵守，官长和士兵待遇都是平等，钢铁般的军纪风纪都要服从，锻炼成无敌的铁军。"第三段针对中朝两国的相似国情，号召中朝两国人民各阶层的抗日民众团结抗日。"一切的抗日民众快奋起，中朝人民共同团结紧，夺回失去的山河国土，结束牛马亡国奴的生活。"第四段突出歌曲的主题即抗联的奋斗目标：把日本帝国主义赶出中国，推翻"满洲国"。"英勇的同志们前进吧！……进行这民族革命正义的战争，完成民族解放的运动。"第五段是鼓舞士气的号召，"高悬在我们的天空中，普照着胜利的军旗的红光，冲锋呀！我们的第一路军，冲锋呀！我们的第一路军。"歌词写好后由军部秘书长韩仁和谱了曲，杨靖宇亲自向部队教唱。豪壮的歌声，展示了抗联英勇不屈的斗争精

抗日英雄
杨靖宇

神和豪迈气概。

从此，杨靖宇创作的这两支军歌，伴随着嘹亮的呐喊、冲锋的号角回荡在战火纷飞的战场，更在抗联战士和当地老百姓口中争相传唱。时至今日，每当国人听到这两首歌曲熟悉的旋律，总能让他们回想起那个浴血奋战的年代，激发起他们心中澎湃的爱国之情。